アメリカで、死刑をみた

布施勇如
Yusuke Fuse

現代人文社

目　次

1 死刑を逃れた死刑囚　　3

2 遺族たち　　39

3 死刑の都　　65

4 死刑防御の達人　　96

5 論客：反対派vs賛成派　　128

6 死刑を見に行く　　148

7 死刑の語り部　　190

あとがき　　205

本文中、年齢と肩書は原則として取材当時のものを記載した。
　第2章「遺族たち」は、布施「遺族感情と死刑——アメリカから」季刊刑事弁護37号（2004年、現代人文社）と、同「殺人事件被害者の父と加害者の父の出会い——バド・ウェルチさん講演会から」同53号（2008年）を基に、加筆・修正した。
　執筆にあたっては、各章の末尾に掲げた資料のほか、以下の文献を参考とした。

・三省堂編修所『グランドコンサイス英和辞典』（三省堂）
・Oxford Advanced Learner's Dictionary（Oxford University Press）
・田中英夫編『英米法辞典』（東京大学出版会）
・浅香吉幹『現代アメリカの司法』（東京大学出版会）
・法務省刑事局外国法令研究会編『法律用語対訳集（英語編〔改訂版〕）』（商事法務研究会）
・『和英対照聖書』（日本聖書協会）

1 死刑を逃れた死刑囚

　一度だけ、死刑執行用の電気椅子に腰を下ろしたことがある。
　あの時の「恐怖感」は、いまも背中のあたりに残っている。

　2003年8月。
　テネシー州の州都・ナッシュビルでアメリカ矯正協会（American Correctional Association）の第133回大会が開かれた。受刑者の矯正や保護にかかわる官民の人びとが全米から集い、6日間にわたって、死刑を含むさまざまなテーマで学術発表や講演が行われた。私は一聴衆として大会に参加した。
　期間中のある午後、州内の矯正施設などを見学するツアーが企画され、私は迷わず、リバーベンド最高度警備刑務所（Riverbend Maximum Security Institution）を選んだ。
　アメリカの刑務所は、入所している受刑者たちの「危険度」に応じて、セキュリティの度合いを高めている。この刑務所には凶悪、粗暴と判断された受刑者が多く、最高レベルの警備態勢をとっているというわけだ。

　会場となったホテルの玄関でツアーのバスを待つ間、参加者の男性と立ち話をした。私は日本の新聞記者で、休職・留学中で、アメリカの死

刑について取材をしている。そう自己紹介をした。
　アメリカでは前年の秋、ジョン・ムハマンド（John Muhammad）と、当時17歳だったリー・マルボ（Lee Malvo）という2人のスナイパー（狙撃手）による連続殺傷事件が起きていた。そのうちの1件は、男性の自宅からほど近いところで発生したという。
　「もしも、僕の妻が、あるいは子どもが射殺されたら……」。男性は言った。「迷わず、犯人を射殺し返すだろうね」
　だけど、と男性は続けた。「死刑という制度には反対だ。我々は制度について論じる時、個人的感情というものを脇に置いて冷静に考えないとね」

　バスは刑務所に到着した。
　まず目に入ったのは、建物の高い塀と、そこに巡らしてある逃走防止用の鉄線だった。常に高圧の電気を流しているのだと説明を受けた。
　刑務官に案内されて、私たちのグループは所内を見て回った。
　「ここがユニット2。Death rowだよ」
　Death row。死刑囚たちの暮らす獄舎。
　私がこの見学コースを選んだ一番の目的だった。
　ここには男性ばかり、96人の死刑囚がいるという。そして、執行の72時間前になると、通常の監房から執行室に近い房に移される。私たちはその房に足を踏み入れた。
　幅約2メートル、奥行き約3メートル。和室でいえば4畳半くらいだろうか。
　入った右手に、平たい板のようなベッドが置かれている。
　その脇には、一体となった便器と洗面台。奥の左手にはシャワー、右手には机があった。
　日本の刑務所での入浴と同様、シャワーの使用頻度には制限があり、

週に3日までしか許されないという。
　机は採光窓に面している。幅約10センチ、高さ約1メートルと、細長い窓だ。
　「処刑」の当日、ここから連れ出される彼らは、この窓から外を眺めて何を想うのだろう。
　テネシー州では、執行開始は午前1時と決まっており、最後の食事は「20ドル（約2,000円）以内なら、何でも好きな物を選べる」のだそうだ。

　記録上、アメリカで初めて死刑が執行されたのは400年前の1608年。最初のイギリス人開拓地、バージニアのジェイムズタウンで、ジョージ・ケンダル（George Kendall）がスペインへの利敵行為で処刑された[1]。
　アメリカでは1890年代に入るまで、いまの日本と同じ絞首刑が主流だった。1888年にはニューヨークで処刑用の電気椅子が開発され、1890年に初めて使われた。1924年、ネバダ州でガスによる処刑が行われた。1977年にはオクラホマ州が致死注射の導入を決めたが、最初に使用したのは1982年のテキサス州だった[2]。
　これらの手段は、死刑をより人道的に、つまり残虐性が低く、与える苦痛を小さくしようと開発されていった。というのが死刑を行う側の大義名分だ。だとすれば、日本の絞首刑は、その手法において最も非人道的だということができるのだろう。

　私たちは執行室へと通された。
　そこには、電気椅子とベッドが並んで置かれていた。
　「死刑囚は好きな方を選べるんだよ」
　刑務官は食事のメニューを選ばせるかのように、軽い調子で説明した。
　ここテネシー州では、1998年に致死注射による死刑が導入され、ま

1　死刑を逃れた死刑囚

だ5年しか経っていなかった。いわば過渡期にあり、1998年までに死刑が確定した死刑囚は、電気椅子に座るか、ベッドに横たわって薬物を注入されるか、「好きな方」を選ぶことができるというのだ。

　参加者の1人が質問した。

「グリーンマイル（The Green Mile）ではほら、電気の通りをよくするために、水を染みこませたスポンジを死刑囚の頭に載せていたでしょ？　実際、ああいうふうにするのかしら」

　グリーンマイルとは、1999年に公開されたトム・ハンクス主演のアメリカ映画。

「ああ、そうだよ」。刑務官は当然のように答えた。

　私は、薬物が注入され始めてから、あるいは電気が流れてから、死刑囚の息が絶えるまで、どのくらいの時間がかかるのか尋ねた。

「電気椅子は45分と何秒か。注射は早いよ。2分半かそれ以下だね」刑務官はまるで食事の調理や電車の所要時間でも答えるかのように、笑みさえ浮かべていた。

　ベッドには、胴体を縛るシートベルトふうの黒いベルトが横4列、ほぼ等間隔に取り付けてあり、これとは別に胸のあたりで「×」の形にクロスしていた。両手首と足首は、革のバンドで固定するようになっている。

「担当する職員は3、4人だね。誰が注入した薬物で死んだのかは、誰にもわからない仕組みになっている」

　電気椅子のそばに、「EC CONTROL」と記された制御盤があるのに気づいた。

　ECとはElectric Chairのこと。「POWER ON」「COMPUTER ON」という文字の下にはそれぞれ、鍵穴がある。あとは、何を意味するのか、「SINGLE」「DOUBLE」という2つのスイッチ。鍵を差し込んで

電源を入れ、コンピューターを作動させ、スイッチをオンにする。日用の電気機器を扱うのと変わらない、たったそれだけの操作で、45分後には1人の人間が息絶えるのか。

「命」の軽さにがく然とする思いだった。

「よかったら、ここに座ってみて」。電気椅子を間近に眺める私たちに、刑務官が勧めた。ご冗談を。参加者たちはそんな表情で順に室外へ出た。

最後尾にいた私だけが部屋に残った。

一瞬迷った挙げ句、「座ってもいい？」と訊いてみた。

「どうぞ、どうぞ」。客をもてなすように、刑務官はふるまった。

私はおそるおそる、電気椅子に腰掛けた。

刑務官は私を縛り付けるため、ベルトの先の凸状の金具を、受け口の凹部に差し込んでいく。凹凸は4対。組み合わせを間違えないよう、黒、赤、青、黄の4色のシールが1組ずつ張ってあり、私の体はいとも簡単に固定された。

電気が流れるはずはない。

そうとわかっているのに、刑務官の笑顔を見て、たちまち怖くなった。この部屋にいるのは、彼と自分だけ。密室状態だ。間違えて電気が流れたら……。

数秒だけ座った後、「どうも、ありがとう」と礼を言い、ベルトを外してもらうと、先を行く参加者の一行を速足で追いかけた。

誤って電気を流される。

犯してもいない罪で処刑される。

これまで、そうした人が何人いたのか。「正解」は誰にもわからない。

アメリカでは1972年、連邦最高裁がファーマン（Furman）判決で「明

1 死刑を逃れた死刑囚

確な基準を示さないまま、特定の犯罪を対象に懲役か死刑かを陪審員に選択させる州法は、残酷で異常な刑罰を禁じた合衆国憲法第８修正に違反する」との判断を示した。

これを受け、いくつかの州は刑を加重するか軽減するかの基準、つまり死刑とすべきか否かの基準を盛り込んだ新たな法律をつくった。連邦最高裁は1976年のグレッグ（Gregg）判決でこうした州法は合憲だとし、ファーマン判決以前の1968年から「ゼロ」が続いていた死刑の執行は、1977年のユタ州から順次、再開された**3**。ちなみにこのとき、ユタ州では、銃殺隊によって処刑が行われた。

アメリカのNPO、Death Penalty Information Center（死刑情報センター）によれば、それ以来、全米では2007年末までに1,099人が処刑された。他方、死刑判決が確定しながらのちに無実とされ、釈放された"死刑囚"は、1973年以降で129人にのぼる（2008年５月２日現在）**4**。

その１人、113人目のジョゼフ・アムライン（Joseph Amrine）に会う機会を得たのは、2003年10月。テネシー州ナッシュビルで開かれたNational Coalition to Abolish the Death Penalty（NCADP、全米死刑廃止連盟）の年次総会でのことだった。

愛称はジョー。ミズーリ州カンザス・シティ出身の46歳。black。いわゆる黒人だ。

1977年、20歳だったジョーは、第１級強盗、不法目的侵入、窃盗などの罪で懲役15年の判決を受け、ミズーリ州ジェファーソン・シティの刑務所に服役した。

1985年10月18日。刑務所内の娯楽室で刺殺事件が起きた。被害者は受刑者の１人、ゲイリー・バーバー（Gary Barber）。

テリー・ラッセル（Terry Russell、22歳）ら３人の受刑者は、捜査当局などに対し、「犯人はジョーだ」と証言した。

NCADPの年次総会に招かれたジョゼフ・アムラインさん（右）。左は、同じく冤罪で2002年にフロリダ州の刑務所から釈放されたフアン・メレンデスさん

　ラッセルは「ジョーは自分がバーバーを刺したと認めた」と主張した。
　ランディ・ファーガソン（Randy Ferguson、19歳）は「ジョーは何分かの間、バーバーと並んで歩いていて、腰ベルトから刃物を取り出し、バーバーを刺した」と言い、ジェリー・ポー（Jerry Poe、23歳）は「ジョーがバーバーを刺すところを見た」と語った[5]。

　当のジョーは「犯人は自分ではない」と、一貫して容疑を否認した。
　刑務官の1人は「ラッセルが犯人だ」とし、「バーバーが娯楽室の中でラッセルを追いかけていた。その後、バーバーは腰から刃物を取り出し、倒れ、死んだ」と述べた。被害者のバーバーとラッセルとの間で何らかのトラブルがあり、もみ合いとなって刺されたというわけだ。
　ほかの6人の受刑者は「ジョーは当時、別室でポーカーをしていた」と証言。うち3人は「バーバーが追っかけていたのはラッセルだ」と、

1　死刑を逃れた死刑囚

刑務官と同様に話したという。
 直接の物的証拠は何ひとつなかった。
 にもかかわらず、ジョーは起訴された。翌1986年、陪審員たちは第1級殺人で有罪、死刑の評決を下し、極刑の判決が言い渡された。
 しかし、2003年の7月28日、ジョーは釈放され、10月、NCADPの総会にゲストとして招かれた。
 いったい、彼はなぜ「無実」の罪を着せられ、どうやって17年のちに冤罪を晴らし、死の淵から生還することができたのだろう。
 インタビューは、彼が宿泊していたホテルの部屋で行った。
「どうして、あなたは誤認起訴されたのですか」。これが私の投げかけた最初の質問だった。
 ジョーは次のように答えた。

 刑務所の調査担当者と郡保安官たちが、真犯人の受刑者に騙されたからさ。
 で、騙されたと気づいた時には、「もう後戻りできない」と思ったんだろうね。受刑者に騙されて、無実の人間を死刑にするなんてことはあってはいけないことで、彼らが一番知られたくないことだからね。
 俺のことを「犯人だ」って言い張ったヤツは、殺された受刑者とけんかして、懲罰房に入れられて、そこから出されたばっかりだった。
 殺人が起きた時、情況証拠はヤツにとって圧倒的に不利だったんで、誰かほかの人間を犯人に仕立て上げなきゃいけないと考えたわけさ。
 ヤツが俺を犯人に選んだ理由は2つある。俺は刑務所の人間に好かれてなかったし、殺された男とも仲良くなかったってこと、みんな知ってたからね。

「ヤツ」とは、テリー・ラッセルのことを指す。事件直前、被害者のバー

バーに追いかけられていたという刑務官の証言に基づき、捜査当局は当初、ラッセルを取り調べた。

ラッセルは調べに対し、「やったのはジョーだ。ジョーは前にバーバーを刺してやるって言ってたし、事件の直後にも、バーバーを刺したって俺に認めたんだから」と供述した。

確かに、事件の1週間前、ジョーはバーバーとぶつかった。

ジョーが以前、アルコールを飲んで気を失っている時に、同じ房だったバーバーは、ジョーと「性交」したことがあるのだと、自分で他の受刑者たちに触れ回っていた。そのことをラッセルから聞いたジョーは、ラッセルのいる前でバーバーに確かめた。バーバーは否定し、その直後にラッセルとけんかを始め、2人とも懲罰房に入れられた。そこから出されたのは、事件が起きる約4時間前のことだった。

「当局はあの事件で犯人を特定する必要があったし、ヤツも当局にチクって、手心を加えてもらう必要があったわけよ」。ジョーは私にそう解説した。「ヤツは実際、仮釈放されて、家に戻った。で、それからちょうど1週間後、3人の仲間と組んで元警察官を殺した。ところがまた、当局に有利な証言、仲間にとっては不利な証言をしたんだ。シャバに出るために取引をして、また殺す……」

こうして、ジョーは起訴された。

ミズーリ州の陪審員たちは3日間かけて審理した。有罪か無罪かの最終協議は15分。「被告人は無実かもしれない。だから有罪だと評決する前に、彼らは15分も話し合いを続けたわけさ」。ジョーが皮肉混じりにそう振り返ったのには、わけがある。

次の段階、つまり量刑を決める段階では、陪審員の協議はわずか3分で終わった。そう聞かされたからだった。

「俺を死刑にするという合意に達するまで、たったの3分だってさ。

1　死刑を逃れた死刑囚

その前に、彼らはみんなで昼食を食べに行って、スポーツや国際的なイベントについておしゃべりしてたらしい。なぜかって、もうすでに結論は出てたから」

　黒人であるジョーの命運を決めた陪審員は、全員、白人だった。

　死刑はその後、ミズーリ州最高裁で確定した。

　正義を取り戻すジョーの孤独な闘いがそこから始まった。

　ジョーはまず、有罪判決に対する非常救済手続き（post-conviction relief）をミズーリ州の裁判所に申し立てた。「裁判での弁護が不十分だった」というのが理由だった。

　犯人はジョーだと名指しした受刑者たちの証言にはもともと、食い違いがあった。

　ランディ・ファーガソンは、ジョーと被害者のバーバーが、事件の起きた娯楽室を「並んで」歩いていたと話した。

　これに対し、ジェリー・ポーは、ジョーがバーバーの「後をつけ」、背中を刺したと言った。それでも、ジョーの弁護人は、2人の証言の矛盾を追及しなかった。

　1989年、ジョーの申し立てを受けて、関係者の審問が行われた。

　ジョーは「裁判の当時、矛盾点についてポーに反対尋問すべきだと、弁護人に指摘した」と述べた。喚問された当時の弁護人は、ジョーの指摘を覚えているかと尋ねられ、「そうだったかもしれない」と答えた。

　事件発生時、ジョーと一緒にポーカーをしていたという受刑者に対し、弁護人が聞き取りをせず、証人としての出廷も求めていなかった事実も明らかになった。

　審問では、さらに重大な変化が起きた。

　ジョーが犯人だと証言した3人の受刑者のうち、ファーガソンとラッセルの2人が証言を撤回したのだ。

ところが、残るポーは所在がわからず、以前の証言はそのまま有効とされた。

結局、ジョーの申し立ては却下され、ミズーリ州最高裁はそれを支持した。

ジョーは、ミズーリ州西部地区連邦地方裁判所（the United States District Court for the Western District of Missouri）に「人身保護令状（a writ of habeas corpus）」の発付を申し立てた。

人身保護令状とは、身柄の拘束について、裁判所が違法と判断した場合、釈放を命じるもの。「有罪判決の有効性を問う最後の司法手段で、公正という根本原則を犯す有罪判決に対する防波堤」とされている[6]。

ジョーの弁護人は「ファーガソンとラッセルが証言を撤回したのだから、ジョーは無罪だ」と主張した。

しかし、裁判所は「ポーの証言は依然として撤回されていない」とし、ファーガソンとラッセルの証言の信憑性については検討せずに申し立てをはねつけた。

その後、ジョーの新しい弁護人、ショーン・オブライエン（Sean O'Brien）は、ポーの所在を突き止めた。

ポーは提出した宣誓供述書の中で、「自分はジョーがバーバーを刺したところを見てはいない。ジョーが犯人だと嘘をついた」と、それまでの証言を完全撤回した。

これで、死刑判決の根拠となった3人の受刑者の証言はすべて覆った。

連邦第8巡回上訴裁判所（the Eighth Circuit Court of Appeals）は1997年、州西部地区連邦地裁に審理を差し戻し、ポーの証言が「新たな証拠で、信用に足るか」どうかを決定するよう命じた。

差し戻し審でジョー側は、当初から「犯人はラッセル」としていた刑務官、それにラッセルらを証人として申請し、ポーとファーガソンについてはビデオに収めた証言を提出した。

弁護人はラッセルに「君はどうして、当初、ジョーが犯人だと言ったのですか」と問いかけた。

ラッセルは「自分はやっていないので、その疑いを拭い去るため」「ただ単に、ジョーとバーバーがけんかしたという噂が広まっていたので、ジョーの名前を使っただけ」と答えた。

ファーガソンはビデオの中で、「受刑者の男たちにセックスを強要されていたんだ」と、自分の置かれていた状況を説明した。「刑務官が受刑者の１人を俺の房に入れて、ドアを閉めて、それからレイプされたこともあった」と言った。

彼は初めから、ジョーが犯人だと捜査当局に告げていたわけではなかった。事件後半年間、約30回にわたって調べを受けても、「事件については何も知らない」と言い続けていた。ところが、1986年４月８日、ファーガソンが再び「知らない」と言った後、取調官は録取用のテープを止め、「守ってほしいか？ 供述、変えるか？」と訊いてきた。

弁護人は「取調官はどうしてそう訊いてきたんだろう」と、ファーガソンに質問した。

「彼らは俺が男の受刑者にやられてたこと、全部知ってたからさ」

「君にとって、そういう状況から逃れるのは、どれほど重要なことだったのかな」

「へっ、そりゃあ重要さ。肉体的にレイプされただけじゃなく、心までずたずたにされたわけだからな。それ以上、耐えられなかった」

同年４月17日、ジョーの公判の２週間前、ファーガソンは当局に対し、ジョーがバーバーを殺したという詳細な供述をした。その前日には、協力する見返りとして、刑務所内で凶器を所持した罪を問わないと

いう当局との合意書にサインをしていた。さらにファーガソンは保護房に入れてもらい、いずれ仮釈放の推薦状を書いてやるという約束をも得ていた。

ポーは虚偽の証言をした理由について、ビデオの中でどう語ったのか。

「当局の連中に『俺たちが聞きたいことを言えよな』と脅されたんだ。でなきゃ、お前に『密告者』というレッテルを貼って、あの犬どもの中に放り込んでやるからな、ってね」

男性間の性的暴行を含め、受刑者の暴力はアメリカの刑務所では珍しいことではない。ポーは「死」の恐怖をも感じたという。実際、彼らが服役していた刑務所では1980年代、この事件のほかにも何件かの殺人が起きている。そうして、ファーガソンと同様、「証言の見返りに、保護房に入れてやってもいいし、仮釈放の力になってやってもいい」という甘言に負けたのだった。

「ジョーには本当に悪いことをした。俺は怖くて嘘をついた。ジョーやほかの誰かが刺すところなんて、見ていなかったんだ」と、ポーは自分の行いを悔やんだ。

ファーガソンも「俺が嘘をついたせいでジョーが死刑になったら、もう生きていけない。俺のせいでジョーが死ぬのなら、むしろ俺が死んでしまいたい」と自分を激しく責めた。

ところが、1998年、州西部地区連邦地裁はまたも、ジョーの主張を退けた。

「唯一、ポーの証言だけが新証拠と言えるが、彼の証言撤回は信用できない」。これが理由だった。ポーは証言を撤回する前に、服役していた刑務所内から2通の脅迫状を送りつけたとして、有罪判決を受けてい

た。だから、その腹いせに撤回した可能性があると指摘したのだ。ラッセル、ファーガソンが撤回した証言など、その他の証拠については「新証拠ではない」と、検討すらしなかった。

　第8巡回上訴裁判所は2001年にこの決定を支持し、同じ年の10月、ジョーの申し立ては連邦最高裁でも退けられた。

　あまりにも厚くて高い「救済」の壁。
　私はジョーの内面に積もり積もったはずの挫折感、失望感について訊ねた。

　ほんとに失望したよ。（初期の）弁護士だけじゃなく、裁判の仕組みにもね。裁判所は、俺の無実に興味がなかった。そこが気に入らなかった。
　最初に俺が無実の証拠を持ち込んだ時、つまり、2人（ファーガソンとラッセル）が以前の証言を覆したのに、裁判官は「いや、信用できない」って言ったんだからね。
　裁判ではヤツらの証言を信用して、十分に信用できると判断したから、俺に死刑を言い渡したわけだろ。なら、どうしていまのヤツらの言葉が信じられないんだ？　裁判官は訴訟記録をもう1回検討しようともしなかった。「2人が覆した証言を信じるとしても、もう1人（ポー）の証言は依然として有効だ」ってね。

　ジョーは刑務所内での「虐待」について触れながら、裁判所への不満をさらにまくし立てた。

　（当初、ジョーが犯人だと証言した受刑者は）3人とも若くて、身体的、精神的、そして性的にほかの受刑者から虐待を受けてたんだ。

だから、当局の人間が「言うとおりにすれば、いまの状況からお前たちを救い出してやる」というのは難しいことじゃなかったわけ。
　受刑者にセックスを強要されることほど、屈辱的なことはない。俺はこの目で見てきたから、彼らの状況が理解できる。
　でも、裁判所は「もう1人の証言は依然として有効だから、有罪とするに十分だ」って言うわけ。俺たちは何とかしてそいつ（ポー）を見つけ出して、ヤツは「ウソをついた」って認めた。で、もう1度、裁判官に訴えた。でも、また退けられる。覆された証言や（犯人はラッセルだと話した）刑務官の証言をまったく斟酌せずにね。
　連邦裁判所も州の裁判所の結論をうのみにするだけ。再検討するってことをしなかった。「無実だ」という証言を総合して検討するということをしなかった。
　1人が証言を覆しただけじゃ、意味がないとしても、2人が覆したわけ。だから、別の角度から検討する必要があるはずだ。で、3人目も証言を撤回したとなれば、3人の証言をもう1度、詳しく検討すべきだろう。

　刑務所での生活は、いったいどのようなものだったのだろうか。

　最初、死刑囚はほかの受刑者たちと隔離されてね。地下牢みたいな小さい房に俺たちはいたんだ。地下のね。ひどい環境だった。ネズミやゴキブリがうようよいたよ。運動は禁止。あったかい食べ物や水もなく、暖房もなかった。
　俺たちは州を相手に集団訴訟を起こして、その結果、別の刑務所に移されたんだ。それからは環境も変わった。房を出て、交流できる自由な時間も多くなって。一般の受刑者とも接触できるようになった。

物理的な環境は改善されたといっても、裁判における状況はいっこうに好転しない。
　ジョーはどうやって希望をつないだのだろう。

　人によって方法は違うだろうけど、死刑囚の獄舎に入った時は、じっと座って、死刑になることを想像して、自分と向き合ってた。
　でも、そういうのが嫌いでね。それからは自分を変えた。自分のことばっかり考えるんじゃなくて、多少なりとも周りのことを考えるようにした。結果的にそれでかなり満足できるようになったね。ただ、多くの時間はバスケットボールをしたり、トレーニングをしたり、ほかの受刑者を手助けしたり、勉強したり、そんなふうに過ごしてた。人それぞれ、対処の仕方は違うんだろうけど、俺は死刑囚の獄舎で暮らす苛酷さを十分に味わった。本来なら15年の刑期を終えれば家に戻れるはずのところを、26年も刑務所で過ごせば、家族との問題ってのも出てくる。俺の家族は「そんなことして、出所したくないのか」って言ったよ。実際起きたことからすれば、俺は（刑務所内の）殺人事件に巻き込まれて、出所したくないかのようにふるまったことになるよね。家族からすれば。
　両親の死とか、たくさんのいろんな問題を抱えて、悟ったんだ。すべての問題を背負うことはできないってね。
　たいていの死刑囚は２つに１つだ。宗教に救いを求めるか、発狂するか。

　ジョーは刑務所内で宗教について勉強はしたものの、救いを求めることはせず、のめりこみもしなかった。「はまると危険だ」と思ったからだ。
　死刑の評決を受けてから釈放されるまでの17年間に、ともに暮らし

た60人の死刑囚がその刑を執行された。

　死刑は午前零時に始まるんだ。最初のころは、その晩に死刑が予定されているとわかると、俺たちは遅くまで起きてて、テレビを見るかラジオを聴くわけ。死刑が延期になったかどうかを確かめるためにね。
　ミズーリ州の死刑制度はまだ歴史的に新しくて、執行の日が決まっても執行されないってことがけっこうあった。
　でも6年ぐらいして、裁判所や検察が手続きに慣れてくると、決まった日にちに執行するようになってね。それからはもう、零時まで起きとくことはやめて、10時か11時には寝るようにした。気分がへこんじゃうからね。「あいつは死ぬんだ。たぶん、処刑されちゃうんだ」ってね。
　あくる日、朝起きて、昼飯を食べる時も、中庭に行っても、誰とも死刑のことは話さなかった。実際に執行されたのかどうかはわからないもんなんだ。誰かが話題にしてるのを聞いたり、晩のニュースで何かやってるのを見たりすることはあってもね。

　60人の中には、「兄弟以上の付き合い」をしたジェロームという死刑囚がいた。

　ヤツとは3年間、おんなじ房で寝起きしたんだ。まるまる3年ね。
　刑務官がドアのとこに来て、こう言うんだ。「荷物をまとめろ。ここにお前の死刑執行令状がある。お前を連れて行かなきゃならない」ってね。
　そんな時、どうすりゃいいんだ。16年間も知り合いで、3年間、おんなじ房で生活してたんだ。わかるだろ。もうじき手錠をかけられて、連れていかれて、処刑される。その日じゃない。30日後とか、90日後にね。でも、ほかの死刑囚から引き離して、独房に連れていくわけだ。

ほんと、マジでつらいよ。
　連れていかれるヤツらも「あばよ」とは言えないから、みんな、心の中で練習するんだ。だってリアルすぎるだろ。だから「またあとでな」とか、「戻ってきたら会おうぜ」なんて言うわけ。
　そういう状況になっても、希望を失いたくはないわけだ。たとえすべての裁判が終了して、来るべき時が来て、執行されるんだとわかっててもね。
　最後の最後まで希望は失いたくない。映画の中みたいにさ、午前零時の１分前に電話が鳴って、それが州知事からで、「執行延期」なんてこと、期待するわけさ。だから、だいたいみんな、「またな」とか「戻ってくるから」って言うんだ。「弁護士が異議申し立てするから、たぶん戻ってくるよ」とかね。でも、俺もそいつも、戻ってこれないこと、知ってんだ、ほんとは。

　バスケットボールをしている時は確かに楽しいだろう。でも、房に戻ったときの孤独感とは、いかばかりだったのか。

　バスケやハンドボールをしてる時でも、死刑の判決を受けたら、その現実からは逃れられないわけ。バスケをして楽しんで、点をいっぱい取って、機嫌よさそうにみえても、「死刑」は常にそこにある。シュートを決めて、ボールを取りに行く。振り返るとほかの受刑者たちが体育館で座ってる。ガラス越しに差し込む日の光を見ると、チクショウって、また死刑のことが頭に浮かぶんだ。試合を続けても、死刑のことは絶えず頭から消えない。ずっと頭にあるんだ。何をしててもね。

　死を絶えず恐れていたの？　と私は訊いた。

俺の状況はほかの連中と違うからなあ。最初の15年間は、死刑になるなんてこと、考えたこともなかった。その間、たくさんの人間がいつか処刑されると知りながら刑務所に入ってきた。彼らは何年も何年も房の中で座って、そのことを考えてたはずだ。でも、俺の場合は処刑されるってことを考えたこともなかったんだ。

　ジョーが初めて「処刑されるかもしれない」と考えたのは、2001年10月、申し立てが連邦最高裁で退けられた時だった。その後、刑務所内での生活態度が一変したという。

　房の中の真ん中に寝っ転がって、泣きたいっていつも考えてた。実際、立ち上がらなかった。泣くことすらしなかった。立ち上がろうと思っても、「いや、もう俺は終わりだ」って。俺はもう、どこにも行かない。この房で横になってる。引きずり出したいんなら、どこへでも引きずり出せ。どこへでも連れて行け。もう何もしない。異議申し立てもしない。死ぬ用意はできてるから、何もしない。どうしようもないから、諦めるさ。――そんな気持ちだったね。俺は真ん中で寝っ転がってる。もう終わりだ。あんたたちの勝ちさ、って感じで。
　バスケもやめたし、チェスもやめたし、手紙を書くこともできなかったし、物事をまともに考えることすらできなくなったんだ。
　処刑される覚悟はできてる。つらいことだよ。死刑になるのがわかってるからつらいというだけじゃなく、家族がいるだろう。彼らに何といえばいいんだろうって考えた。で、俺は手紙を書き始めた。
　でも、2行書いただけで先に進めない。何て言えばいいのかわからなくてね。何も言いたいことがないんだ。だって、向き合いたくない問題だから。どうしても書けなくて諦めた。
　ただじっと座って、「チクショウ、いまから3か月後には死んじまう

んだ」とか、そんなことを考える。バスケのシーズンがもうじき始まる。みんな、その話題を口にするのに、「チクショウ、俺は見られないかもしれないんだ」って。

　1986年に陪審員の死刑評決を受けて15年間、ジョーはほとんど孤立無援の闘いを続けた。ジョーを「犯人」だとした受刑者3人の虚偽の証言はすべて覆ったにもかかわらず、裁判所は一度確定した死刑判決を取り消そうとはしなかった。そして、最後の砦である連邦最高裁が申し立てを退けた2001年10月9日を境に、ジョーは戦意を喪失し、生きる気力さえも失った。
　ところが、このころ、ミズーリ州の東隣イリノイ州では、死刑を巡って、ジョーが考えもつかない大きな動きが起きていた。
　当時のイリノイ州知事、ジョージ・ライアン（George Ryan）は2003年1月11日、ノースウエスタン大学で歴史的な演説を行った。以下に抜粋する[7]。

　　4年前、私は第39代のイリノイ州知事として宣誓、就任しました。
　　知事の任期も残り3日となったきょう、私は行政と死刑に関して抱いている不満、深く考えてきたことをお話ししようと、こうしてみなさんの前に立っています。
　　死刑制度は12の州で廃止されています。それによって殺人事件の発生率が上がった州はひとつもありません。イリノイ州では去年、およそ1,000件の殺人が起きましたが、死刑判決が言い渡されたのは1,000件中2％にすぎません。公正、平等だと言えるでしょうか。
　　死刑を求刑すべきかどうかは州に102人いる検事が決めるわけで

すが、基準がない。だから、イリノイ州では死刑が公正に執行されず、統一性を欠いているのです。イリノイ州の地方で第1級殺人を犯した場合、死刑判決を受ける確率は、（シカゴのある）クック郡の5倍です。

「最も際立つ短所は、死刑が理論的にはどんなに効果的で公正であっても、実際には弱い立場で貧しく、低学歴で白人以外の人びとが主として執行の対象となっている点にある」。これはカリフォルニア州の元知事、パット・ブラウン（Pat Brown）の言葉の引用です。彼は約50年前に『官の正義　民の慈悲（Public Justice, Private Mercy）』という著書の中でそう書いているのですが、その後50年間で状況は何も変わっていません。

元死刑囚のアンソニー・ポーター（Anthony Porter）は、刑務所から釈放されると、ノースウエスタン大学のデーブ・プロテス（Dave Protess）教授の下に駆け寄り、祝福の抱擁を受けました。プロテス教授はジャーナリズム専攻の学生たちと一緒に、ポーターの無実を証明するために心血を注いだ人です。ポーターは死刑執行室に送られるまで、あと48時間というところでした。

ポーターの一件の後、シカゴ・トリビューンの2人の記者がイリノイ州の死刑制度の構造的欠陥について報道しました。約300の死刑判決の半数が、再審理、つまり再判決の結果、覆されたというのです。約半数もですよ。

死刑囚のうち33人は、のちに弁護士資格を剥奪された、または停職処分を受けた弁護士が法廷での弁護を担当していました。

160人以上の死刑囚のうち、35人の黒人死刑囚は、陪審員全員が白人で構成された法廷で有罪あるいは死刑の判決を受けていました。

死刑囚の3分の2以上は黒人。

46人の死刑囚は、服役中の情報提供者の証言に基づいて有罪とされたのです。
　イリノイ州では（1977年の死刑再開後）冤罪で釈放された人の数が、処刑された人を上回っていました。冤罪が13人、処刑されたのは12人でした。
　きのう報告したように、冤罪で釈放された死刑囚は17人だった。その数に疑いはありません。
　まったくの恥辱です。17人の死刑囚が冤罪で釈放されたというのは、致命的な失敗というよりほかありません。しかし、その13人、いまや17人となったわけですが、この数は、殺人罪で起訴した数に関する悲惨な計算において、序の口にすぎません。イリノイ州では、（ファーマン判決以前の）死刑があった時代、殺人の有罪判決を受け、冤罪とわかって釈放された人がほかに少なくとも33人いました。同様に死刑再開後、最も重い刑罰を科し、のちに無実と判明してその判決を無効としたり、釈放したりした人が93人いました。
　公正とは、アメリカの司法制度と我々の生活様式にとって、根本原則です。
　過去の死刑のケースをひとつひとつ再調査した結果、死刑囚たちが無実ではないかという疑念だけでなく、死刑制度全体の公正さについても疑念が湧いてきました。
　司法制度が、ある人が有罪かどうかを決める最初の段階でこれほど多くの過ちを犯してきたとしたら、有罪の被告人を死刑にすべきか生かしておくべきかを決めることが、どうして公正で正確だったと言えるでしょうか。人種は判決にどんな影響があったのでしょう。貧しさの影響はどうだったのでしょうか。
　釈放された死刑囚17人のほぼすべてに当てはまるのは、警察、

検察、裁判所の制度的欠陥に加え、あまりにもお粗末な弁護士に弁護されたということです。被告人と打ち合わせもせず、事件のことを調べもせず、複雑な死刑相当事件を扱う資格などまったくない弁護士もいます。死刑判決を逃れる努力をほとんどしなかった事例も頻繁にありました。

　知事が判決を減刑する権限については、全国の文字どおり何百人もの法学者が支持してきましたが、中には非難する人もいます。しかし、イリノイ州の検察官は刑を軽くする強力な権限を持っていて、日々行使しています。彼らは誰を死刑にするか、誰と司法取引するか、誰を不起訴にするかを決めます。でも、どんな客観的基準によって決めるのでしょう。私たちにはわかりませんし、公開されていません。去年、イリノイ州では1,000件以上の殺人が発生しました。どの殺人も残忍なのは間違いありません。それでも、これらの殺人事件の被告人のうち、死刑判決を受けるのは２％以下なのです。

　連邦最高裁判事だったポッター・スチュワート（Potter Stewart）は「この国で被告人に死刑判決を言い渡すのは、落雷に遭うのと同じくらい異常で、恣意的でもある」と言ったことがあります。

　私は殺人事件の被害者の遺族たちの怒りに衝撃を受けました。「区切り（closure）」について語った遺族もいます。家族に区切りをもたらすために、州がその名において囚人を殺すことを認めてほしい。そう私に求めました。しかし、それが死刑の目的なのでしょうか。つまり、遺族の怒りを鎮め、心に安らぎをもたらすことが目的なのでしょうか。そして、本当に遺族は死刑によってそういう状態になるのでしょうか。

　私たちはどんな被害者支援を行っているでしょうか。被害者の遺族が必要とする物的、社会的支援ではなく、死刑によって区切りを

もたらす方に財源を投じているのではないでしょうか。ガンジーが言ったように、「目には目を」では、社会全体に問題を知らせないままになってしまいます。

政治家にとっては、犯罪に対する厳罰の姿勢を見せ、死刑を支持する方がたやすく、好都合でもあります。票につながるからです。でも、問題を抱えていることを認めるかといえば、たいていは問題を隠す方に走ります。州の検事たちはこぞって、死刑制度が破綻していることを否定し続け、「仮に問題があってもとるに足りないもので、どうにでも修正できる」と言います。死刑諮問委員会から提案された改革案がひとつも採用されないとしたら、どうやって制度を改善できるのか、その答えを見いだすことは難しいでしょう。

去年の夏、ある連邦地裁の裁判官が「連邦の死刑制度は違憲だ。近年、DNAや最新科学技術に基づいて釈放された死刑囚の数からすれば、科学技術が発達する以前に、無実の人たちを処刑してきたことは疑いない」という見解を示しました。

私たちの調査では、被害者が白人の場合、黒人である場合に比べ、陪審員が死刑の評決を出す確率が高いことがわかりました。正確には3.5倍です。イリノイ州だけではありません。今月、メリーランド州は死刑制度に関する調査結果を発表し、人種差別が存在することを明らかにしました。

ファーマン判決には多くの州が反応し、死刑に関する法を改正しました。4年後の1976年、連邦最高裁のブラックマン（Harry Blackmun）判事は死刑再開を認めた多数派に加わり、各州が改正された新法を施行する転機となりました。1977年、私はイリノイ州議会議員で、死刑を再開するのに賛成して緑のボタンを押しました。それまで死刑制度にはびこっていたあらゆる問題は改善された。そう確信したからです。

しかし、20年後。この間、何百という死刑判決が確定しましたが、ブラックマン判事は輝かしい裁判官人生の終わりが近づくにつれ、こう悟りました。「死刑は依然として、恣意性と差別、気まぐれと過ちに満ちている」

　イリノイ州憲法は知事に対し、死刑の執行延期、特赦、減刑の広い権限を付与しています。州最高裁は、受刑者が申し立てをする場合、最後の救済を行うのは知事であるとしています。

　私たちが１件１件、系統立てて再調査した結果、冤罪で死刑判決を受けた事例がさらに明らかになりました。３年かけて調査してみると、判決の公平性にさらなる問題が判明しました。イリノイの死刑制度は恣意的で気まぐれ——それゆえに非人道的——です。ですから、もはや、死刑制度を下手に手直しするわけにはいきません。

　議会は改革できませんでした。

　議員たちは修正しようとしないのです。

　でも、私は死刑制度を支持しません。

　行動しなければならないのです。

　私たちの死刑制度は過誤の魔力にとりつかれています。有罪かどうかを決める際の過誤、有罪である者の中で誰が死刑に値するかを決める際の過誤です。こうした理由によって、きょう、私はすべての死刑囚の判決を減刑します。

　これは包括的な減刑です。この決定に反対する多くの人たちから、嘲りや軽蔑、怒りを招くことは承知しています。裁判官や陪審員、州の議員たちの権限を侵害すると言われるでしょう。しかし、私は知事の職責を全うします。任期の最後を迎えるに当たっても、職責が求める公正、公平という義務から逃れるわけにはいきません。

　死刑に関して冷静な議論をすべき時です。イリノイにおける実験

が議論の口火を切ったとはいえ、私たちは冷静な議論が足りません。しかし、私がもしこういう行動を取っていなければ、死刑囚たちが問われた罪や判決の公平性について、包括的、総合的な調査が行われることもなかったと思います。

　もう一度、平たく言うならば――イリノイ州の死刑制度は破綻しています。無実の人たちは不公正な死刑執行から間一髪で逃れたのです。

　今後、私たちが心を開き、被害者の遺族のために、復讐への望み以外の何かを与えられるよう、祈ります。リンカーンはかつてこう言いました。「慈しみの心は、厳格な公正よりも豊かな果実を生む。私は常にそのことに気づかされている」。私にできるのは、そうあってほしいと願うことだけです。みなさんに神の恵みを。

　この演説は、イリノイ州にとどまらず、アメリカ全体の死刑制度の問題点を的確に言い当てている。すなわち、殺人で起訴された被告人の中でも、死刑判決を受けるのはごく一部にすぎず、それは被告人の人種や経済的状況、陪審員の構成、検察官の主観的判断といった要素に左右されるという問題だ。死刑の客観的基準が必ずしも明確ではないという司法の環境は、日本にも当てはまる。「公正（fairness）」「恣意性（arbitrariness）」は、死刑問題を考えるうえで日米共通のキーワードと言えるだろう。

　さらに、全員白人の陪審員に死刑の評決を受けた黒人死刑囚、服役中の情報提供者の証言によって有罪とされた死刑囚、怠惰な弁護人のせいで苦境に陥った死刑囚は、何もジョゼフ・アムラインに限らず、数多く存在するということがこの演説から理解できる。

　ライアン知事はまず、2000年1月に死刑執行を停止させ、諮問委員会に調査を委託し、その結果、退任直前の2003年1月、死刑囚全員の

恩赦──4人を特赦すなわち釈放、164人を仮釈放なしの終身刑、3人を懲役40年にそれぞれ減刑──を決断した**8**。
　では、こうした隣州の動きがジョーの闘いにどんな影響を与えたというのだろう。

　俺はその後2年間、申し立てをしなかったんだ。死刑になってもしょうがなかったと思う。州当局は死刑の執行日を4回決めたんだけど、知事が「待て」と言ったんだ。俺は房に座って考えたよ。「どうして俺を死刑にしないんだろう」ってね。
　当局の人間たちは、注目されてることを知っていた。ちょうどそのころ、イリノイ州のライアン知事がすべての死刑を減刑した。で、俺が思うに、ミズーリ州の裁判所だけでなく、知事も検察も「ミズーリの死刑制度はイリノイとは違う」と主張するために、できうることはすべてやろうとしてたんだろう。うちの州の制度はうまくいっている。そう証明しようとね。
　彼らがやろうとしたのは、俺にもう1回、ミズーリ州最高裁で裁判を受けさせようと。いままでになかったことさ。誰も経験していない。結果がどうあれ、そうすることが州にとって得策だと考えたんだろうね。もし、裁判所が俺に不利な（死刑）判決を下せば、世間に対して「我々の制度はイリノイの制度とは違う」と言える。「この男は17年間、裁判に関わってきて、我々はもう一度法廷に立たせた。なぜなら、彼が無実の可能性もあったからだ」と。
　で、「彼」は無実だったんだ。俺は死刑にならなかった。だから、彼らは「我々の制度に欠陥はない」と言う。「無実の可能性があると考えたから、こうして裁判を受けさせた。我々の制度はちゃんと機能している」とね。
　政府というのは、体裁を整えて逃げるのさ。

ジョーの「無実」に世間が注目し、支援の輪が広がり出したのもこのころだった。

　俺の周りにたくさんの人が集まるようになったんだ。俺の事件を法廷の外に持ち出して、世の中に知ってもらえた。世間の注目を特に集めるケースってのは、法廷の中じゃなくて、世論っていう裁判所で勝つものなんだと、いまになってはっきりわかるけどね。（元プロフットボールスター選手の）O・J・シンプソンみたいにね。俺とおんなじ黒人だけど、彼はクロだよ。ただ、法廷の外に、世間に問題を持ち出したからな。俺が釈放されたのも、だからだと思う。俺の事件がドキュメンタリーになってね。「ジョゼフ・アムラインの合理的疑い」ってタイトルだった。全国で放送されたんだ。ニューヨークからカリフォルニアまでね。
　それから、世間の人たちがチェーンメールを始めた。州議会、知事、裁判官にメールが送られてさ。ニュースにもだんだん取り上げられるようになった。裁判所の周辺とか、知事公邸の周りとか、通りをデモ行進して、署名をメールで送ってくれたんだ。俺の事件が毎日、新聞のどっかに載るようになった。ミズーリだけじゃなくて、カリフォルニアとかニューヨーク、ハリウッドと、あちこちでだんだん多くの人がかかわってくれた。俺の置かれてる状況を知ってね。雑誌のニューズウィーク、タイム、テレビの20/20、CNNと、いろんなとこからインタビューを受けたよ。だからさ、世間の注目を浴びて、そのおかげだって思ってる。

　こうして、ジョゼフ・アムラインは再度、立ち上がった。「ゲイリー・バーバーの殺害に関し、私は無実である」として、ミズーリ州最高裁に人身保護令状の発付を申し立てた。

2003年4月29日。州最高裁が出した決定で、裁判官7人の意見は4対3に分かれた。

結論は「アムラインが有罪とされた殺人事件に関し、州が新たにアムラインを起訴しない限り、30日後に刑務所から釈放するよう命ずる」というものだった。

この裁判でジョーは、死刑判決が出された当時の審理に「憲法違反」があったとは主張していない。

一方、州の検察は「裁判の過程で憲法違反があったと認定しない限り、無実だというだけでは有罪を覆すことはできない」との意見を述べていた[9]。

「条件付き釈放」の立場を取った4人の裁判官のうち、主たる判決理由を書いたテイトルマン（Teitelman）判事は「裁判は憲法上適切であったという前提の下、申立人が明確で信用性の高い無実の証拠を示せば、人身保護の立証責任を果たす」との判断を示したうえで、「アムラインは（死刑）判決の正しさについて確信を弱める証拠を示した。この事件は最初の裁判から、有罪を支えるだけの信用できる証拠がひとつもないという希有な状況を呈している」と、過去の判決を暗に批判した。

そして、「裁判で、刑務官はテリー・ラッセルが犯人だと特定した。彼はアムラインが殺人犯だと特定したことはない。アムラインが娯楽室でトランプをしていたと証言した6人の受刑者も同様である。アムラインを殺人犯と結びつける物的証拠は何もなかった。アムラインは3人の受刑者の証言だけに基づいて有罪とされ、3人はそれぞれ、裁判での証言をいまや完全に撤回している。アムラインの有罪、死刑判決は信用するに足りず、よって支持されず、破棄されなければならない」と明快に断じた。「証言は何年もの年をまたいで撤回されたので、アムラインの無実の証拠をすべて、同時に検討した裁判所はこれまでなく、今回が初めてである」と、誇らしさもにじませて。

また、「州がこの事件を再び陪審にかけたとしても、一事不再理（double jeopardy）の禁止には当たらない。ただし、証拠の弱さ、最初の裁判から長い年月が経過していること、その間、破棄される有罪に基づいてアムラインが服役していたことからすれば、この事件を即刻、最終的に解決することが重要である」とくぎを刺すのも忘れなかった。
　ちなみに、「釈放」の意見を書いた4人の判事は民主党の知事に、反対の3人は共和党の知事に任命された10といい、死刑に対する両党の立場を象徴している。

　だが、検察は簡単には引き下がらない。
　刑務所内でゲイリー・バーバーが殺害された当日、ジョーが着ていた衣服に血痕が残っていたとして、その血痕と、バーバーのDNAを照合する方針を表明したのだ。
　なぜいまになって。その疑問に、担当検事は「17年前にはこの技術が確立されていなかったから」と答えた。バーバーのDNAを採取するため、裁判所に遺体を掘り出す許可を求めた11。
　ジョーによれば、裁判が行われた当時、出廷した鑑定の専門家はジョーの衣服に付いていた血痕について、「人間の血であるのは間違いないが、被害者のものかどうかは不明」と証言した。その後も、ジョーと弁護側は検察にDNA鑑定を求め続けたが、「サンプルは残っていない」との答えだった。
　2003年7月28日。
　「結論が出ない（Inconclusive）」
　担当検事はDNA鑑定の結果について、ただそう説明し、ジョーの再起訴を断念した。
　その日、ジョーの身に何が起きたのか。彼がNCADPの総会で語った言葉を引用する。

最後の日々を俺は刑務所で過ごしたんだ。裁判所が釈放を命じた後、俺は郡の刑務所に送られた。検察官はもう一度、俺を起訴しようと考えていたからね。そこで54日間過ごした。たぶん、俺の刑務所生活で最悪の時期だっただろうね。俺は、自由の身になれる日が近づいてると思ってたんだ。やってもない殺人の罪で死刑囚の獄舎に入れられて。

　だから、あの54日間は、ほんとに、マジで、つらかったよ。だって、やっと家に帰れると思ってたんだからね。でも、帰れなかった。郡の刑務所に行って、また前とおんなじ闘争に逆戻りかと思って。また起訴されて、有罪になって、また17年間、死刑囚の房で暮らすのかと。ほんとにつらかった。

　その朝、刑務官が8時半ごろに来て、ひと言、「荷物をまとめろ」と言ったんだ。「出所だ」とね。俺は「ちょっと待ってくれ」と。26年間も刑務所に閉じ込められてたわけだから。で、彼らは「出たくないのか」と訊いてきた。「いや、出たいさ」と答えた。荷物をさっさとまとめて、房を飛び出たよ。

　それから記者会見まで、4時間待った。検事が俺に対する起訴を正式に取り消さないといけなかったから。刑務官に下に連れていかれて、外に連れ出されて、また中に入れられて、俺はゾクっとした。また起訴されるんじゃないだろうなって。

　郡の保安官が「タバコ、いるか？」と訊いてきた。刑務所の中では吸えないんだ。で、俺は「これは現実なんだ」と気づいたわけ。その時の気持ち、説明できないよ。

「次に何が起きたの？」と司会者に尋ねられ、ジョーは続けた。

　正直、何が起こったのか、覚えていないんだ。何にも覚えていない。

気持ちがズタズタになって、乱れてたから。眠れなかったし、しゃべることも、考えることもできなかった。ただ、胸がずっとドキドキしてた。

　だって、これは俺が26年間、夢見てきたことだったから。現実だとは信じられなかった。しばらくして、現実なんだとわかった。衝撃的だったよ。うれしかったけどね。

　実際に眠れるようになるまで、4日かかった。

　房に監禁される生活に慣れきっていたからね。最初は食べられなかったんだ。食欲がなくて。毎朝起きるたび、衝撃に浸っていたんだ。宝くじに当たったようなものだから。出所後30日もすれば、落ち着くものだろうけど、俺の場合は、毎朝起きるたびに、宝くじが何度も当たったって感じだったんだ。

　出所後、最も嫌だったのは、「ジョー、何がしたい」って訊かれることだったという。

　26年間も刑務所に閉じ込められたジョーが、どうやって「したいこと」がわかるっていうんだ。どこで外食したいかだってわかんないんだから。

　ジョーは男5人、女5人きょうだいの、最初に生まれた子どもだった。「最初の子を死刑で失うなんて、こわい」。いつもそう言っていた母は、1997年に亡くなった。両親とも、そして祖父母も、ジョーが刑務所にいる間にこの世からいなくなっていた。
　ジョーはのちに、陪審員の1人からこんな言葉を聞かされた。「私は

州に利用されたような気がする」。捜査当局は証言を捏造し、「有罪」「死刑」を勝ち取るのに有利な証拠だけを陪審員の前に提示した。陪審員もこうした証拠と同じく、検察側の道具として使われた。そう言って過言ではないのかもしれない。

　私はジョーに「死刑判決を受けて17年後にようやく無実が証明されたのは、『奇跡』に思えてくるんだけど」と語りかけた。
　「奇跡さ。結局、奇跡としか表現できないね」。ジョーはいったん相槌を打った。
　「でも、奇跡なんて、必要なかったんだ。耳を傾けてくれる人、しっかりと物事を見極めてくれる人がいたらね。無実の証拠は裁判の最初から存在したわけだから。それが活かされなかっただけ。だから、俺は奇跡だとは考えないよ」

　ジョーを支えた弁護士のショーン・オブライエンは2006年、ABA（American Bar Association、アメリカ法律家協会）ジャーナルのエッセイコンテストで最優秀賞に選ばれた。「救済の発見——電話を取ることがいかに弁護士の人生を変えうるか」と題した受賞作で、オブライエンはジョーとの邂逅について触れている。
　1996年2月、当時のジョーの弁護人は、懈怠によって上訴の期限を忘れていた。その時、ミズーリ死刑資料センター代表でもあったオブライエンを新たな弁護人として紹介したのが、同じ刑務所に収監されていた死刑囚、ドイル・ウィリアムズ（Doyle Williams）だった。ドイルは「刑務所内の法律家（jailhouse lawyer）」と呼ばれるほど法律に詳しく、長年、ほかの死刑囚と弁護士との仲介役を引き受けていた。「ジョーは本当に無実なんだ」。ドイルはオブライエンにそう訴えたという[12]。
　ジョーは私に、ドイルとの出会いを語ってくれた。"This is a story.

1　死刑を逃れた死刑囚

It's a long story."そう前置きをして。

　死刑囚の獄舎内で、白人のドイルはある日、ジョーに近寄ってきてこう言った。「死刑判決、受けたんだってな。お前、法律知ってるか？」
「いや」
「法律、勉強したいか？」
「ええ」
　するとドイルはウインクして、分厚い法律書を10冊ほど、ジョーに渡した。
「どうしろって言うわけ？」
「とにかく、読むんだよ」
　それから2年間、ジョーはひたすら法律書を読んだ。読めば読むほど、知識は深まっていった。
　実はジョーとオブライエンは、依頼人と弁護人の関係となる以前にも1度、刑務所内で顔を合わせていた。1993年のこと。オブライエンはジョーを呼び出し、こう切り出した。
「君も知ってのとおり、ドイルはいずれ、この刑務所からいなくなる。死刑囚の多くは読み書きができないし、法律の知識もないし、不真面目な弁護人もいる。だから、誰かがドイルの役目を引き継がないといけないんだ。君ならできると思うよ」
　こうして、ジョーはドイルがこの世を去った後、刑務所内で死刑囚たちの法律相談を受け継いだ。
　文字どおり、「死」から「生」へとジョーの人生を一変させた出会いを、彼は「幸運だった」と言う。しかし、この出会いもまた、「奇跡」という言葉など当てはまらないのかもしれない。ジョーが法律の勉学に専心し、それが生きる力となり、その努力が引き寄せた必然的な偶然、とでも呼んだ方がはるかにふさわしい。そんな気がする。

無実の人を死に追いやろうとした検察も陪審員たちも、ジョーに対して公式な謝罪をしていない。30代から40代半ばの貴重な17年間、死刑囚の獄舎で無為に過ごさせたことにも、州は金銭的補償をしなかった。そうした法律がないからだ。
「これからは無実の人を処刑したりはしない。そう言ってくれるだけでいいんだけどね」とジョーは言う。「補償はね、十分に受けたよ。自由という補償をね。刑務所にいる時は確かに被害者だったけど、釈放されたいまはもう、自分を被害者だとは考えたくないんだ」

　ジョーは、オブライエンの法律事務所で助手として働いている。謄本を読み、メモを取り、電話の応対をし、資料を整理する。弁護士や助手たちには、「死刑囚から電話があれば、俺に回して」と言ってある。彼らの気持ちは誰よりもよくわかる。弁護士と直接話したがる相手には、「俺だよ、ジョーだよ。どうして毎日かけてくるんだ。弁護士が仕事できないじゃないか」とたしなめることもあれば、「いついつ、こっちからかけるから」となだめることもある。
　そんなジョーに、弁護士が最大級の賛辞を贈る。
「彼らの気持ちを知って、親密な関係を築くには、どうすれば一番いいのか。僕らがそんな知識を得ようと思えば、何百万ドルもかかるだろうな」

1 <http://www.deathpenaltyinfo.org/article.php?scid=15&did=410#TheDeathPenaltyinAmerica>.Lifton, R.J. & Mitchell, G., Who Owns Death?: Capital Punishment, the American Conscience, and the End of Executions (Perennial,2002), p.24.
2 <http://www.deathpenaltyinfo.org/article.php?scid=8&did=479>.
3 Zimring, F.E., The Contradictions of American Capital Punishment (Oxford University Press, 2003), p.9. <http://www.ojp.usdoj.gov/bjs/glance/tables/exetab.htm>.
4 <http://www.deathpenaltyinfo.org/FactSheet.pdf>.<http://www.deathpenaltyinfo.org/article.php?did=412&scid=6>.

5 以下、ジョゼフ・アムラインの裁判に関しては、主にミズーリ州最高裁判所の決定（2003年4月29日）<http://www.courts.mo.gov/courts/pubopinions.nsf/ccd96539c3fb13ce8625661f004bc7da/2747c0808572337286256d170047d3dd?OpenDocument&Highlight=0,SC84656>とアムネスティ・インターナショナルの"United States of America: Joseph Amrine - Facing execution on tainted testimony"（2002年6月1日発行）<http://www.amnesty.org/en/library/info/AMR51/085/2002/en/dom/en-domAMR510852002en.pdf>を参照した。
6 ミズーリ州最高裁の2003年4月29日決定。
7 <http://www.law.northwestern.edu/wrongfulconvictions/issues/deathpenalty/clemency/ryanSpeech.html>.
8 Chicago Tribune, 2003年1月13日付。
9 The Kansas City Star, 2003年4月30日付。
10 同上。
11 Columbia Daily Tribune, 2003年6月9日付。St. Louis Post-Dispatch, 2003年7月6日付。
12 <http://www.abanet.org/journal/ross/home.html>.

2 遺族たち

　アメリカ中南部、オクラホマ州の州都オクラホマ・シティ。ダウンタウンというにはあまりに寂しい中心街の一角、アルフレッド・P・マラー連邦政府ビルの跡地に、「ナショナル・メモリアル＆ミュージアム（National Memorial & Museum）」はある。

　1995年4月19日、午前9時2分に連邦ビルは爆破された。幅23メートル、奥行き97メートルの建物の北半分が損壊し、周辺の300以上の建物も被害を受けた。死者168人。負傷者は850人とも言われている[1]。2001年の「9/11」まで、アメリカ国内で起きたテロとしては最大だった。
　ビルは9階建ての合同庁舎で、農務省、税関、労働省、退役軍人援護局などが入っていた。犠牲者の中に19人の子どもがいたのは、2階がチャイルド・ケアセンターとなっていたからだ。
　ミュージアムの館内では、爆破当日の朝の静けさ、事件後の混乱を映像やパネルで再現し、ビルの瓦礫、焼けただれて変色した犠牲者の靴と鍵、オフィスに置かれていたはずの壊れた電話機などが展示されている。別のコーナーには犠牲者ごとに区切られたショーケースがあり、形見の品が収められている。入り口近くの通りに面したフェンスにも、訪れた人たちや市民からの追悼の言葉、星条旗に混じって、犠牲者の写

ジュリー・ウェルチさん。ナショナル・メモリアル＆ミュージアムのフェンスには、犠牲者を悼み、遺影やゆかりの品、メッセージが飾られている（Kelly Smith撮影）。

真、遺族や友人からと思われる手書きのメッセージが一面に貼られている。タイプされた、大きな白い紙が目を引く。

　　あなたがいなくてさびしいわ
　　ジュリー・マリー・ウェルチ（Julie Marie Welch）
　　1971年9月12日―1995年4月19日

　　ああ、ジュリー、ジュリー、ジュリー！
　　どうして慌てて逝っちゃったの
　　さよならも、わけも言わずに
　　私たち、神を信じてるけど、この試練に耐える覚悟はできていないわ……

ナショナル・メモリアル&ミュージアムにあるGates of Timeの1つ

　広大な敷地の真ん中に細長い矩形の池があり、その両端にはGates of Timeという名の門がそびえる。それぞれ「9：01」「9：03」と刻まれていて、9：02の爆破を境に人びとの生活が一変した現実を、見る人の心に刻む。

　ティモシー・マクヴェイ（Timothy McVeigh）とテリー・ニコルズ（Terry Nichols）。
　2人は陸軍時代に知り合った。
　マクヴェイは1988年に陸軍入隊。1991年には湾岸戦争に出征し、青銅星章（Bronze Star）を受けた。イラクから戻ったのち、マクヴェイは精鋭の「グリーン・ベレー（Green Beret、電撃特攻隊）」を志願したが、叶わず、幻滅し、軍を去る。これが大きな分岐点となり、政府への怒り、憎しみを募らせ、極右に関心を持つようになった。
　1993年、テキサス州のウェイコ（Waco）で、カルトの「ブランチ・ダヴィ

ディアンズ（Branch Davidians）」が武装して立てこもり、政府側とにらみ合いになった。

この時、マクヴェイも政府への抗議のため、現場に向かった。この事件は結局、政府側が制圧し、約80人が死亡した。それがちょうど連邦ビル爆破事件の2年前、4月19日のことだった。

連邦ビルの爆破は、マクヴェイが計画し、ニコルズを誘った。反政府主義という糸が2人を結びつけた。ニコルズが爆弾の材料を調達し、マクヴェイが単独で連邦ビルにトラックで乗りつけ、仕掛けた。なぜオクラホマの連邦ビルを選んだのかについては、ウェイコでの衝突の引き金となったアルコール・タバコ・火器局（Bureau of Alcohol, Tobacco and Firearms）がこの合同庁舎に入っていたから、だとも言われている[2]。

マクヴェイは1997年、連邦地裁で死刑判決を受けた。連邦最高裁まで上訴したものの、最終的に自ら取り下げた。一方のニコルズも死刑を求刑されたが、「仮釈放なしの終身刑（life imprisonment without parole）」となり、死刑を逃れた。

矩形の池のほとりには、彼らが命を奪った168人分のいすが9列に並んでいる。Field of Empty Chairs。座る人のない、空っぽのいす。めいめいの名が刻まれている。9列はすなわち9階を意味し、犠牲者がいた階ごとに分けられている。

1階の社会保障局でスペイン語の通訳をしていたジュリー・ウェルチさんのいすは、だから、最前列にある。

ジュリーさんの父、バド・ウェルチ（Bud Welch）さん（64歳）は、「Murder Victims' Families for Human Rights（MVFHR、人権を求める殺人事件被害者の遺族たち）」というNGOの代表を務めている。

2003年、私は当時通っていたオクラホマ・シティ大学（Oklahoma

Empty Chairsには、連邦政府ビル爆破事件の犠牲者168人の名が刻まれている

City University）刑事政策（criminal justice administration）専攻の主任教授を通じ、バドさんの知人から彼の連絡先を聞き出し、恐る恐る電話をかけた。

　なぜ、娘を奪われながら、死刑に反対しているのか。話を聞きたかった。

　バドさんは講演で国内外を飛び回っているから、捕まえるのは難しい。そう聞いていたとおりだった。それほど貴重な機会なら、私1人でインタビューするのはもったいない。授業中に招いて、ほかの学生とその機会を共有しよう。教授も賛同してくれた。

　しばらくすると、留守番電話のメッセージを聞いたバドさんから、快諾の返事が届いた。

　私は講演会のチラシを作り、学生課の許可印を1枚1枚に押してもらい、仲間と手分けをして、キャンパスのカフェや校舎の入り口、学生寮の壁など、到る所に貼った。

　講演会は、当該課目を履修していない学生も自由に参加できるように

2　遺族たち

バド・ウェルチさんの講演には多くの学生が参加した

した。教授の中には、自らの授業をキャンセルし、学生に講演会への出席を義務付ける人もいた。講堂は約120人の学生、教職員で埋め尽くされた。

　バドさんは、ジュリーさんと語学とのかかわりから語り始めた。
　ジュリーさんは8年生（日本の中学2年生）の時、メキシコから留学していた少女と親友になった。ジュリーさんは英語を教える代わりに、彼女からスペイン語を教わった。地元オクラホマ・シティの私立高校に入学後、今度はフランスからの男子留学生と知り合い、交換留学制度について話を聴くうち、外国語と異文化への好奇心が次第に高まっていく。奨学金を得て、1年間、ポルトガルとの国境近くにあるスペインの町に留学。得意のスペイン語に加え、週末にはポルトガル語も学んだ。
　ウィスコンシン州ミルウォーキーのマーケット大学（Marquette University）に進むと、外国語のコンテストで優秀な成績を収め、再び奨学金を受けた。大学の寮に入る娘の引っ越しを手伝ったときのこと。

バドさんは荷物の中に、ジュリーさんがいつも枕の傍らに置いていた「テディベア」のぬいぐるみを見つけて手に取った。「取らないでよ、お父さん、なんて言われてね」。バドさんは人柄そのままの温和な笑みを浮かべながら、時折ジョークを交えて聴衆たちを引き込んでいった。

ジュリーさんは大学2年生の時、再びスペインのマドリードで1年間勉強した。1994年、マーケット大でスペイン語の学位を取り、副専攻としてフランス語、イタリア語を修了して卒業すると、社会保障局にスペイン語の通訳として採用された。

そして、あの日。ガソリンスタンドを営んでいたバドさんは、毎週水曜にジュリーさんと昼食を共にすることにしていて、この日も午前11時に連邦ビルで落ち合う約束だった。

その朝9時。英語がしゃべれないメキシコ人の男性が、予約どおり、社会保障局にジュリーさんを訪ねてきた。ジュリーさんは待合室まで迎えに行き、男性とその友人を案内してオフィスに向かって歩いていた。爆発物を積んだ車が、ビルの脇の歩道を挟んで、待合室からわずか6メートルほどのところに止まっていることなど、もちろん、知る由もなかった。

午前9時2分。連邦ビル、爆破。

ジュリーさんの遺体は3日後の土曜日、あの朝訪れた2人とともに発見された。「あと3秒あったら、ビルの奥に抜けられて助かっただろうに」。バドさんは救助隊からそう聞かされた。瓦礫の中から見つかった宝物のテディベアは、一緒に棺に納められた。空軍基地内のカトリック教会で知り合った中尉と恋に落ち、7か月間の交際を経て、婚約した。2週間後にはそれを発表する手はずになっていた。

ジュリーさんは生前、連邦ビルの駐車場に植わるニレの木の脇に愛車をとめていた。その木はいまもそっくり形をとどめ、「The Survivor

Tree（生存の木）」としてナショナル・メモリアルの一角に根を張っている。

　愛する娘を失った後、バドさんの「混乱」と「格闘」の日々が始まった。仕事から戻るとアルコールに手が伸びる。飲まなければ眠れない。飲みすぎては二日酔い、頭痛。そんな生活が30日間続いた。
　格闘とは、「死刑に対する感情」との闘いだった。「あの爆破事件が起きるまで、私は死刑に反対でした。でも、いざ家族が殺されれば、人の心は変わるものです」とバドさんは言う。マクヴェイとニコルズに対する憤りから、2人の死刑を望むようになった。
　しかし、1年ほど経ったころ、バドさんはあることに気づく。「死刑を望むのは、復讐心を持っているからだ。これでは、マクヴェイとニコルズが連邦政府に抱いていた怒りと復讐心、ジュリーと167人を殺すことになった復讐心と同じじゃないか」「彼らを処刑しても、癒しへの一里塚にはならない。復讐心をほかの方向に向けなければ」。そう悟ったバドさんは、心の中で折り合いをつけられるようになっていく。

　大きな転機は約3年半が過ぎたのちに訪れた。
　バドさんは講演でニューヨーク州バッファローに招かれることになった。近郊にはマクヴェイの父、ビルさんが住んでいた。
　あれはまだ、事件から2週間後のこと。それまで、バドさんは爆破事件のニュースを見ることができず、テレビで放映されるたび、チャンネルを替えていた。そんなある日、自宅前で報道陣に囲まれたビルさんが画面に映っていた。ビルさんは右肩の後ろから向けられたカメラを、浴びせられる質問を、避けるようにしている。しかし、最後に何か答えようと、カメラをまっすぐ見つめた。その表情には深い苦悩と哀しみが刻まれている。バドさんは自分と相通ずるものを感じた。

バッファローでの講演を依頼してきたカトリックのシスターに、バドさんはそんな当時の思いを話した。「会ってみたら」。シスターはそう勧め、講演の6日後に面会を設定したと連絡してきた。

　娘を殺した男がかつて住んでいた家で会う。葛藤を覚えながらも、1998年9月、バドさんは意を決し、ビルさん宅のドアをノックした。

　自己紹介に続いて「裏庭、素敵ですね」とほめると、ビルさんはスポットライトを浴びたように晴れやかな表情になった。バドさんも庭いじりが好きで、再び「共通点がある」と思った。

　2人でしばらく裏庭を歩いた。

「バド、君、泣ける？」

「うん、普通に泣けるけど」

　ビルさんは成人してから、涙が出ない。彼の父もそうだったという。「この3年半、泣きたいことは山ほどあっただろうに」と、バドさんは同情した。

　招き入れられたキッチンには、マクヴェイの妹のジェニファーさんもいた。壁には家族で撮った写真が何枚も貼ってあった。すぐに、20センチ×25センチ大の一番大きな写真に気づいた。マクヴェイの姿が写っている。

　会話の最中、バドさんの目は何度も、マクヴェイに向いた。怒りからではない。が、なぜだかわからない。そんな目の動きに2人が気づいているのがわかった。何か言わなきゃ。

「うわぁ、ハンサムな坊ちゃんだねえ」

　次の瞬間、キッチンは静まり返った。ジェニファーさんはテーブルに視線を落とし、息をこらえた。ビルさんも黙ってしまい、下を向いた。だが、やがて壁の方を見上げて、「高校卒業の時の写真なんだ」と言うと、右の頰に大粒の涙が伝った。息子が何をしでかそうと、父親の愛情は変わらない。バドさんはそう感じた。

しばらくしてバドさんは立ち上がり、ビルさんと別れの握手をした。ジェニファーさんにも手を差し伸べたが、彼女はバドさんの首に両手を回して、肩に顔を伏せた。最初に泣き出したのは、どちらだったか。2人はともに泣きじゃくった。「どうしたらいいんだろう」。バドさんは途方にくれたが、彼女の顔を引き離し、両手で支えてこう言った。
　「ねえ、僕らはこれからずっと仲間だよ」。そして、続けた。「お兄さんを死なせたくない。死刑を受けなくて済むように、できることは何でもするから」
　玄関に向かい、ドアを開けようとして振り向くと、父と娘はキッチンに立ったままで、父の顔は青ざめ、娘はまだ泣いていた。
　「グッバイ」。バドさんは2人に手を振り、運転席に一人乗り込むと、シスターの待つ約40キロ先のハーフウェイ・ハウス（出所した受刑者の社会復帰に向けた中間施設）へと車を走らせた。その間、目は潤みっぱなしだったが、目的地に着き、シスターに会うと、急に肩の重荷が取れた気がした。「いままでにないほど、神の下に接近できた」と感じた。
　被害者の父と、加害者の父。
　ビルは毎朝起きると、自分の息子だけでなく、ジュリーと167人の犠牲者のことがまず頭に浮かぶに違いない。自分は国内外を回って、どんなに素敵な娘だったのかを話すことができるが、ビルが同じように息子の話をすることは許されない。
　「ビルは僕以上の被害者だ」。バドさんはそう思うようになった。

　バドさんの誓いも空しく、マクヴェイは2001年6月11日、インディアナ州テレ・ホート（Terre Haute）の連邦刑務所で致死注射によって処刑された。
　連邦政府の死刑執行は1963年以来38年ぶりだった。アメリカ司法省は被害者や遺族ら1,000人以上に対し、執行の様子を見たいかどうか、

意向を確認する"招待状"を送った。参加の方法は2通り。刑務所で執行に立ち会えるのは、遺族7人、当時の負傷者2人、その他の生存者1人の計10人だけで、抽選で決める。それ以外の希望者のため、政府は初めて、処刑の状況を同時中継することにし、オクラホマ・シティに視聴の会場を設けた。その結果、325人が参加の意向を示した。中継はスポーツの「パブリック・ヴューイング」を連想させるが、一般市民が会場に立ち入ることができないのはもちろん、参加者はビデオカメラなどによる録画・録音を禁じられた。執行は朝7時過ぎに始まり、実際には232人が会場のテレビを注視した**3**。

こうした政府のやり方を「政治的にしつらえられた大イベント」と批判するバドさんは、初めから距離を置いた。だが、テレ・ホートには足を運んだ。刑務所の外で執行に抗議するインディアナの市民を支援するために。

死刑制度の廃止に必要なことは3つある、とバドさんは私たち聴衆に訴えた。

「一に教育、二に教育、三に教育です。多くの人が死刑に関する基本的事実を知らない」

死刑囚の多くは低所得者で、「ドリームチーム」と言われた一流の弁護団を雇って無罪を勝ち取ったアメリカンフットボールの往年のスター、O・J・シンプソンのような富裕な被告人との間には歴然と不公平が存在すること、終身刑の受刑者にかかるコストの方が死刑囚へのそれよりも高い、という死刑賛成派の論拠は過去の研究データによって否定されていること、さらには、死刑が確定したのち長い年月がたってから、DNA鑑定などで無実が証明された死刑囚が何人もいるという事実。また、殺人犯が刑務所内で、あるいは出所後に再び殺人を犯す事例はもともとほとんどないとして、「死刑が犯罪の抑止に役立つとの議論は正

2 遺族たち

しくない」とも述べた。

　質疑応答の中で、私は大阪教育大附属池田小事件の概要を紹介したうえで、「残忍極まりない罪を犯し、後悔、反省のそぶりも見せない被告人がいつか、矯正によって良心を取り戻す可能性を信じますか？　死刑を望んでいる子どもたちの家族には、どんな助言を？」と尋ねた。

　バドさんは最初の質問には直接答えなかったものの、「私が言えるのはただ、『時』が最も大切だということ。愛する家族を失った怒りを、まずは自分自身に向ける時間が必要です。私の場合は、ジュリーに外国語を学ばせたことを後悔した」と話した。もしもジュリーさんがスペイン語に堪能でなく、社会保障局に採用されていなければ、テロに巻き込まれることもなかったというわけだ。「時間をかけてこそ、その責めは義認(justification)される。私がその状態にたどり着くまで、1年かかったが、ほかの人は4年、5年とかかるかもしれない」

　やや難解な答えではあったが、犯人への憎しみ、自分への怒りといった感情を乗り越え、社会制度としての死刑の是非を問い直してほしいという、遺族に対する願いを込めたメッセージだと私は理解した。

　2003年5月、池田小事件の論告求刑公判で、検察側は「被害の惨状と遺族の悲痛な思いを見るとき、いわゆる死刑廃止論がいかに被害者や遺族の立場、心情を無視した空疎なものであるかということを実感せざるを得ない」と、遺族感情をよりどころに死刑廃止論に反駁した**4**。

　バドさんは同様に「遺族が悲しみを乗り越えるには死刑が必要」というアメリカの検事の意見を取り上げ、「マクヴェイが処刑された後も、安心感を得たり気持ちが好転したりすることはなかった。処刑後、ほかの遺族と集会で話をしたが、半数の家族は私と同じ気持ちだった」と語り、一般に信じられている死刑の"効用"に反論した。

　約1時間半の講演と質疑応答の間、感情を高ぶらせることなく、終始穏やかに話していたバドさんだったが、私たちの大学で一時期働いてい

たジュリーさんを知る教授が、「素晴らしい娘さんでしたよ」と歩み寄って肩に手をやると、バドさんはこらえきれず涙をぬぐった。

　オクラホマ・シティ郊外の小さな町ユーコンで、1990年２月、当時７歳だったキャサリン（Katherine）ちゃんが性的暴行を受けた後、刺殺された。翌日、レストランの皿洗い係だった19歳のフロイド・メドロック（Floyd Medlock）が犯行を自供した。
　キャサリンちゃんの母方の祖母、ジョニー・カーター（Johnnie Carter）さん（66歳）もまた、私たちが教室に招いた遺族の１人だった。
　孫娘の身に起きた現実を知った時、カーターさんは「この手でその男を絞め殺したい」と思った。心身に異常を来し、茫然と辺りを歩き回ったりした。
　やがて、乳がんが見つかった。２か月間、放射線治療のため入院生活を送った。自分の心との対話を繰り返しているうち、次第にある変化が起き始める。「きっと、神ががんを授けてくれたんだわ。あの若者に憎しみを向けるかわりに、がんのことに集中できるように、って」。そう考えるようになった。「その変化がどこから来たのか、自分でもわからないのだけど」とカーターさんは話したが、孤独な病室で「命」について深く考えたことがその契機になったのは想像に難くない。
　退院後、足が遠のいていた教会にも再び通い、牧師と対話を重ねた。そこで改めて気づかされたのは、「すべての物事には両面がある」ということだった。だから、「自分を深く見つめて、こう自問しないといけないの。『私は加害者を敢えて死に追いやることができるのか』ってね」
　メドロックは幼少時代、性的、精神的に家族らの虐待を受け、高校を中退し、友人もほとんどいなかった。加害者自身の過ちではない、家庭や教育環境という「負」の一面に光を当てると、カーターさんは悲しい気持ちになった。怒りにさいなまれて生きていくよりは、彼を許そう。

そんな境地に至った。死刑ではなく、仮釈放なしの終身刑を望んだ。
　カーターさんは死刑制度のないミネソタ州で生まれ育った。父は裁判官、兄は警察官だったが、「この極悪非道な犯罪」が起きるまで、死刑が家庭内で話題になることはなかった。だが、あの事件が起きてから、母も兄も息子たちも、そしてキャサリンちゃんを失った娘さえも、自分と同じ考えであることがわかったという。死刑は無益だ——。

　メドロックは死刑判決を受けた。カーターさんは地元の死刑反対グループに参加し、事件から10年後、刑務所内の彼に手紙をしたためた。どうしても知りたいことがあった。裁判を傍聴し続けても知りえなかったこと。それは「キャシーの最期の様子」だった。
　——キャシーは苦しそうだったの？
　——ううん、苦しんでなかったよ。
　返信には、キャサリンちゃんに対して犯した行為がきっちりと綴られていた。カーターさんは「私は運がよかった。だって、家族を殺されたほとんどの人は、実際にどんなことが起きたのかを知らないのだから」と、死刑囚の言葉を素直に受け止めた。
　2人はその後も文通を続けた。メドロックは「あなたがこうして手紙をくれて、本当にうれしいよ」「僕は生きたいとは思わない」などと書いてきた。「加害者というのは、遺族の心情とか痛みなど感じないもの。でも、彼は自分の行いを心から悔いていた」とカーターさんは言う。

　遺族としては異端ともいえるこうした言動は、キャサリンちゃんの父方の家族との溝を徐々に深め、双方の仲をやがて決定的に引き裂いた。「キャシーのことを愛していないからだ」。向こうの祖母のそんな非難も間接的に耳に届いた。カーターさんには「私は永遠にキャシーのことを愛しているわ」と反論したい思いもあった。

教室で、学生の1人が手を上げた。「もし、向こうのおばあさんがあなたと同じように大病にかかったとしたら、どうかしら」
　「さあ。彼女とはずっと疎遠だから」。2人の祖母は、顔を合わせることも、話をすることも、一切、ない。

　2001年1月、メドロックの死刑が執行された際、カーターさんはメドロックのたっての希望で一友人として、一方、キャサリンちゃんの父と彼の母は遺族として、それぞれ別々の空間から執行室のマドロックを見つめた。
　だが、カーターさんが立ち会ったのは、甘美で純粋な友情から、というわけでもなかったらしい。「どうしてかって？　行かなきゃいけないと思ったのよ。彼が遺族の痛みを目の当たりにすることができるようにね」
　遺族にとってのひとつの区切り（closure）として死刑は必要だ、とする議論がある。カーターさんは「確かに私はメドロックを許しはしたけど、（事件や悲しみを）決して忘れることはできない。死刑によって区切りがつくなんて、私には想像できないわ」と言った。
　そして、こう続けた。「遺族というのは何もかも、最悪の状態に追い込まれる。加害者が私たちのために何かできることはあるのか。彼が死んだら、永眠して、それで終わり。私たちが知りたい答えを聞く機会は、永遠に奪われてしまう」
　知りたい答え。
　なぜ私の家族が殺されたのか、どうして私の家族でなければならなかったのかという根本的な問いかけは、確かに、受刑者が生きて自らの行いを問い続けて初めて、いつかその答えを聞きうるものなのかもしれない。
　人に生を授け、あの世に召すことができるのは神だけ。この世の何人

（なんぴと）も、他人の命を奪うことはできない。「目には目を、歯には歯を」で加害者を死刑に処しても、失った人は決して戻ってこない。カーターさんはそう締めくくった。

　保守的な土地柄であるオクラホマ州には、死刑賛成派が多い。死刑執行数も国内上位で、この年、2003年は14人と、隣のテキサス州（24人）に次いで2番目。1977年以降、2003年までの総数は69人で、313人のテキサス、89人のバージニアに続いて3位だった[5]。
　死刑に反対する2人の遺族を授業に招いた後、学生たちからは「賛成派も呼ばないと、フェアじゃない」との声が聞かれた。そのとおりだ。
　私と主任教授は、キャサリンちゃんの父方の祖母に接触した。彼女は地元の警察署で犯罪被害者支援に関わっており、いったんは応じてくれた。ところが、講演当日に突然、「行けない」と連絡が入った。理由はわからない。代わりに紹介してくれたのが、知人のパトリシア・ブラード（Patricia Bullard）さん（59歳）だった。

　ブラードさんが娘のロンダ（Rhonda）さんを失ったのは、1985年のことだった。ロンダさんはオクラホマ州タルサに住んでいた。ロバート・クレイトン（Robert Clayton）は自宅の外にいたロンダさんに目をつけ、彼女の家の中に連れ込んだ。眉間を殴り、性的に暴行し、ナイフで10数回刺した後、首を絞めて殺した。
　無残な遺体はベビーベッドの前に置き去りにされ、正午ごろ、家に戻ってきた夫が見つけた。ロンダさんは病院に搬送される途中で息絶えた。
　犯行後、クレイトンは手を洗い、外に出て、友人の女性に会いに行った。彼は「男2人に襲われて、殺されそうになったんで、そのうちの1人を逆に殺さなきゃならなかったんだ」と話した。クレイトンはシャ

ワーを浴び、友人はその間に彼の衣服を洗濯機に入れた。

警察の捜査で、クレイトンが職場に「今日は戻らない」と連絡してきたことがわかり、容疑者として浮かび上がった。

クレイトンの友人はうっかり、洗濯機のそばに彼の靴下を落とした。そこには血痕が付いていた。当時はまだ、DNA鑑定が普及していなかったが、血液型はロンダさんと同じAB型と判明した。クレイトンは犯行を自供し、犯行に使ったとみられるナイフが自宅の裏庭で見つかった。

ロンダさんは19歳の誕生日を迎えたばかりだった。

ブラードさんは娘に電話をし、「ハッピーバースデー」と祝福した。会話を終えると、娘は笑って「私も愛してるわ、ママ」と言った。それが、母親の聞いた最後の言葉となった。「自分の身には起きないだろうと思っていたことが起きたんです」。ブラードさんは私たちの教室でそう話した。

ブラードさんはクレイトンの裁判を傍聴した当時、「法廷警備員の銃をいますぐ奪って、クレイトンを撃ってしまおうか。いまここで撃ってしまえば、難なく殺せるんだわ」と考えたことがあるという。「これが、愛する人を奪われた時に生じる気持ち。でも、実行することはできない。それは法が引き受けるべき過程なのね。政府が被告人の罪を立証し、社会に対する脅威の存在であると立証すれば、死刑という方法を使うことができるのだから」

クレイトンは死刑判決を受け、確定、執行までに事件発生から16年の歳月が流れた。最後は証拠に対するDNA鑑定も行われた。

バド・ウェルチさん、ジョニー・カーターさんと同じくキリスト教を信仰するブラードさんは、その16年の間に、彼を「許す」ことに成功した、という。「なぜなら、あの男を許すべきだという確信を神が与えてくれたから。あの男が刑務所にいる間に、あの男は私の心から消えて

いったの」

　娘を殺害されるまで、ブラードさんは「死刑に関してまったく無知だった」という。「関心の低いままでいられたらよかったんだけど、愛する人が巻き込まれたら、関心だって変わるわよね」

　ブラードさんはある日、知人に「あなたは死刑に賛成？」と尋ねた。

　するとその知人は、旧約聖書の出エジプト記21章12節に「人を打って死なせた者は必ず死刑に処せられる」と書いてある、と答えた。同じ出エジプト記の十戒（The Ten Commandments）で「殺してはならない」と神は言っていて、殺した場合は死刑だということが21章12節で念押しされているのだ、とブラードさんは話した。こうした解釈は、死刑賛成・容認派の多くが論拠としている。

　2001年3月。クレイトンの死刑執行の日を迎えた。

　ブラードさんは当初、「立ち会いたくない」と思った。

　しかし、立ち会うのは義務だと考え直した。自分が死刑についてどう考えているのか、自身を問い詰めるために。この問題に関して、正面から「魂の探索」をしなければ。殺された娘のために、それだけの義務を果たす必要がある。だから、行かなければならない。そう悟った。

　執行室のカーテンが開いた。

　クレイトンの姿が見えた。四十路を迎えていた。

　執行室に向かって最前列に、彼の家族が座っている。

　クレイトンは母と妹にこう言った。「俺のことは心配しないで。これから天国に行くんだから」

　彼が無実のはずはない。それは疑う余地がない。冤罪を晴らすためにあるDNA鑑定が、彼の有罪を確定してくれた。本当によかった。16年も死刑囚の獄舎にいれば、「自分はやってないんだ」って思い込ませる

ようになるもの。「やってない」って考えるのは最も安直な逃げ道だから。でも、彼は間違いなくやったのよ——。

その彼が最期に、神に許しを求めていると思うと、ブラードさんは胸がどきどきした。

注射による執行は「とても速く終わった。何の苦痛もなくね」と、ブラードさんは振り返る。

この方法は「致死注射の父」とも言われるオクラホマ大医学部麻酔学科の主任教授、スタンリー・ドイッチュ（Stanley Deutsch）が1977年、電気椅子にかわる手段をという州議会議員の要望にこたえて考案した**6**。

言い知れない恐怖におののきながら殺害されたはずの被害者に比べ、「あまりに安らかな」死刑囚の最期に不満を表す関係者は、ブラードさんだけではない。

執行が終了すると、受刑者たちが壁をドンドンたたく音が聞こえてきた。それは約5分間続いた。「被害者の遺族を侮蔑してるわけじゃない。あれが連中なりの別れを告げるやり方なんです」。当局の担当者がブラードさんにそう教えた。

娘を殺害した男の処刑を目の当たりにして、彼女の死刑制度に関する考えは明確となった。

「人の命を奪った罰として、死刑は用意されている。罪悪を抑止するために死刑を用いる。そういう国に暮らしている私たちは、幸せね。二度とそんな罪を犯すことができないよう、こういう人間の命を奪うことは正しいことだもの」。人生の「ある時点」においては、違った考え方をした時期もあったという。「でもね、愛する人を奪われたら、物の見方も変わるのよ」

彼女は確かに、娘を殺した男を許しはした。しかし、死刑という制度

は、個人の感情とは異なり、「1つの刑事政策で、法の執行」であると強調する。「罪に対する報いとして命を奪うことは当然で、そうしなければいけないと思う。自国の法は執行しなければならないと、神は言ってるでしょ。だから、私は死刑が正しいことだと思ってるの」「神はいつも、人びとに選択肢を与える。そして、悪を選び出す。犯罪者が引き返すことのできない時点で処刑するんじゃなくて、そこに到達する前に抑止する。それが答えなの」

そして、closureという言葉を口にした。「区切りがついて、解放されたわ」

私にとって特に興味深かったのは、ブラードさんが「死刑制度には犯罪抑止効果がない」と考えていることだ。「あの男は、娘を刺して殺そうとしていた時、『これで俺は死刑になるかもしれない』などとは考えなかっただろうから」というのが理由だった。

こうした考え方は、私の専攻の主任教授のように、むしろ死刑反対・廃止論者がしばしば口にする。つまり、殺人という行為は多くの場合、計画的ではなく、衝動的な犯行であり、「死刑になるのが嫌だからやめよう」などという抑制がきかない。したがって、死刑には政府が標榜するような犯罪抑止効果は期待できない。死刑によって犯罪が減ったと実証した調査・研究はほとんどなく、あるいは説得力に乏しいというのが反対派の主張だ。

だから、賛成派であるブラードさんの発言は、私の耳には新鮮で、かつ逆説的に響いた。

授業の終わりに、私はこう尋ねた。

「以前、この教室に来てもらったジョニー・カーターさんは『加害者を死刑にしてしまうと、どうして殺人を犯したのかという、最も知りたい答えが永遠に聞けなくなる』と言っていました。どう思いますか」

ブラードさんは少し冷ややかな笑みを浮かべて答えた。

「殺人者の答えは一緒でしょう。『知らないね』って言うんじゃないかしら。たぶん、あの男は朝、調子が悪かっただけかもしれない。あの男はどうして犯行に及んだかなんて、自分でもわからなかったと思うわ。たぶん、怒りやイライラを娘にぶつけたかっただけじゃないのかな」

終了後、私はブラードさんに歩み寄り、礼を述べてから、「もうひとつだけ」と、彼女の意見を求めた。「日本ではね、超党派の国会議員が死刑を廃止し、終身刑を導入する法案を準備しているんですよ」

彼女の答えはこうだった。

「それは国民にとって不幸なことね。私は死刑を存置する国に住んでることに満足しているわ」

私は2年間の休職・留学を終え、2004年夏に帰国した。

さらに3年が経ち、2007年10月下旬、バド・ウェルチさんはアムネスティ・インターナショナル日本などの招きで初めて来日し、東京の日本弁護士連合会のほか、福岡、大阪などで講演した。

私は京都市の大谷婦人会館で4年半ぶりにバドさんと再会した。

「私たちはマクヴェイを殺しました」。講演の終盤、バドさんは聴衆にそう語った。彼が代表となっているMVFHRは、「被害者の名において私たちは言う。死刑反対（In the name of victims we say: No Death Penalty）」をスローガンに掲げている。だが、マクヴェイを処刑した「私たち」とは、「アメリカ政府の死刑執行を許した私たち国民」といった意味であることは言うまでもない。

「でも、死刑によって心の平穏がもたらされたり、気持ちが晴れたりということはありません。他人の命を奪うことで快楽を得る。神はそのために人間をつくったわけではないのですから」

マクヴェイの父と自分には、共通点がある。最後に、ウェルチさんは

2　遺族たち　59

言った。形はそれぞれ違うけど、2人とも子どもを失った。子どもが死ぬと……。彼は胸に手を当てた。「心の中に埋葬するんです。で、永遠にここにいて、いなくなることは絶対にないのです」。それから静かな笑みをたたえて、ジュリーさんの写真を聴衆に示した。

質疑応答では、「日本では被害者遺族が加害者をかばうようなことを言うと、バッシングを受けたりして、死刑にしなくていいと思っていても、表明できないことがある。160人以上もの被害者が出た中で、バッシングはあったのか」という質問が会場からあった。

バドさんは「実際のところ、ありません」と答えたうえで、事件の半年後には遺族の85％がマクヴェイの死刑を望んでいたのに、6年後の死刑執行時には約半数に減った、という報道機関の調査を紹介した。「そうした心境にたどり着くのに、ある人は6年かかったでしょう。人によっては2年、3年、4年、5年、私の場合は1年だった」と振り返った。ただ、「不幸なことに、マクヴェイが処刑された後、現在に至ってもまだ、少数の人たちは憤りと復讐の気持ちを持っている。復讐心を抱いて生きている限り、癒しの道のりを通り抜けることはできないのです」とも言った。これまでに、わかっているだけで5人の遺族が自殺したという。

講演のあと、私はこの4年半の間に日米で起きた、あるいは進展した2つの事柄について、彼の意見を訊いた。

ひとつは、仮釈放なしの終身刑。連邦ビル爆破事件のテリー・ニコルズは、刑事司法に携わっていた連邦職員8人に対する非故意殺（involuntary manslaughter）などの罪で、1998年にこの刑を連邦裁判所から受けた。その後、ほかの160人と胎児1人に対する殺人などの罪でオクラホマ州の検察が起訴し、2004年に州裁判所でまたも同じ刑を受けた。ともに検察は死刑を求刑したが、陪審員12人全員一致の評決

が必要で、結局、賛否が分かれたのだ。

　ニコルズは連邦裁での審理で、殺人については無罪となっていた。だから、州の裁判所で再び殺人罪に問うことは「一事不再理」の原則に反するのでは、という批判も起きた。連邦と州の違いこそあれ、検察当局には何としてもニコルズを死刑に追いやるのだという意地やメンツが明らかに感じられた。

　バドさんは、州の検事正に何度か直訴した。「あの事件からもう、9年にもなるんだよ。遺族と生存者に事件のことを思い起こさせないで、刑事訴追を諦めてほしい」。陪審員の精神的負担も考慮するよう求めた。「もし、1人だけ死刑に賛成しなかったらどうする？」 つまり、その1人のせいでニコルズを死刑にすることができなかったら、死刑を当然視する人びとから、不当な指弾を受けるかもしれない。

　検事正は「そんなことはあんまり関心ないね」とつれなかった。

　オクラホマ州の地裁での陪審の結果は、死刑に賛成が8、反対が4。ニコルズはまたしても死刑を免れた。

　バドさんにとって、ニコルズを再び裁くことははなから「税金の無駄」としか思えなかった。「オクラホマ州にはニコルズのために援助する弁護士費用がなかったんだ。それで、州は資金を貯めなければならなくて、ニコルズも弁護士も審理開始まで2〜3年待たされたんだ」

　一方、仮釈放なしの終身刑を制度としてみた場合はどうか。

　「必要悪だね。必要悪」とバドさんは繰り返した。理由として、「テリー・ニコルズのような人」の存在を挙げた。

　ニコルズはマクヴェイとももども、政治的理由から爆破事件を起こしたのであり、いまも当時と同じように反政府的感情を持っているに違いないが、それでも、おそらく、更生できるだろうというのが彼の見解だ。そういう人物を生涯、刑務所に閉じ込めておくのは「悪」である、と考えているらしい。

対照的に、かつてロサンゼルスで7人を殺害して死刑判決を受けながら、仮釈放の可能性のある終身刑に減刑されたチャールズ・マンソン（Charles Manson）7を例に挙げ、「彼は異常な人間で、仮釈放などありえない」という。すなわち、「仮釈放なし」が「必要」なケースもあるというわけだ。

　さらに、バドさんは「僕の理解だと、日本では無期懲役と言っても、たぶん25年もすれば仮釈放になるんだろう？」と私に尋ね、もし日本に「仮釈放なし」の刑が導入されたら、2つのことが起こるだろうと予測した。

　「まず、ひとつには死刑は減るだろう。なぜなら、多くの裁判官と陪審員が『死刑相当』と判断するのは、被告人が仮釈放されるのを恐れ、安易に仮釈放されるのはふさわしくないと考える場合だからね。アメリカではそうなんだ。だから、仮釈放なしの終身刑があるなら、裁判官と陪審員の多くは死刑よりむしろそっちを選ぶだろう。テキサスを見てごらん。死刑判決は大幅に減った。半分になったんだから」。テキサスでは2005年に「仮釈放なし」が導入された。1995〜2004年には年間23〜48件だった死刑判決が、2005年には14件、2006年には11件と確かに減っている8。

　「反面」とバドさんは続けた。「仮釈放なしの終身刑を受けるべきではない人たちが、その刑を受けることになるだろうね」。死刑まではいかないまでも、不相当に重い刑を言い渡されるおそれもあり、諸刃の剣というわけだ。

　死刑反対派の中にも、「仮釈放なし」を支持しない人がいる。一生、刑務所から出られないと決まっているなら、更生の意欲を失ってしまう。

　こうした意見に関し、バドさんは「うーん、確かにそのとおり」と肯いて、「だから、僕は常々、こう言ってるんだ。死刑を存置している国

や州では、仮釈放なしの終身刑を導入されるのが望ましいってね。いったんそれが導入されれば、死刑廃止の道がずいぶん開けるから。ただし、仮釈放なしの刑はかなり限定的に、レアケースとして適用されるべきだ」と持論を述べた。

　もうひとつは、日本で2009年に始まる裁判員制度。概要を尋ねられ、有罪か無罪か、有罪の場合はどんな刑にするかは、最終的には３人の裁判官と６人の裁判員の多数決で決まると説明すると、「全員一致でなくてもいいってわけ？」とバドさんは驚き、「それはよくない。よくないよ」と繰り返した。「もし、日本の仕組みがオクラホマにあったら、ニコルズは死刑だね」
　アメリカ法律家協会の資料によれば、連邦最高裁は1972年、「12人の陪審員のうち、９人が有罪とすれば、被告人を有罪にできる」との判断を示したが、ごく一部の州を除いては全員一致と規定していて、特に死刑に問える重大事件の場合、すべての州が全員一致としている**9**。それほどまでに、罪の認定と量刑の決定に慎重で、万全を期していると言えるのだろう。それでもなお、冤罪は絶えない。「日本が５－４（多数決）のシステムを採用すれば、無実なのに有罪にされてしまう人が出てくるかもしれない」。バドさんはまたも、最後の部分を繰り返し強調した。

　死刑に賛成であれ反対であれ、私が話を聞いた３人の被害者遺族の「死刑観」は、それぞれの宗教観と深く結びついている。一般的に、アメリカに比べてさほど国民の信仰心が強くない日本で、彼らの考えがどれだけ共感を得るかは定かではない。
　ただ、確かに言えることは、アメリカではバドさん、カーターさんに限らず、堂々と死刑反対の意見を述べ、行動する遺族が決して珍しくはないということだ。

翻って日本では、私の知る限り、表立った反対の声を遺族から聞くことは極めてまれである。日米ともに、死刑を望む遺族が大多数を占めるのはおそらく間違いないだろうが、であればいっそう、私たちは社会として、少数派の意見に耳を傾ける必要がある。

　「遺族感情」を抜きに廃止の是非を語れない死刑問題ではなおのこと、賛否いずれの意見も同等に尊重しなければならない。そうしたオープンな議論ができる土壌がこの国で育まれることを願っている。

1. <http://www.oklahomacitynationalmemorial.org/secondary.php?section=5&catid=145>.
2. Michel L. & Herbeck D., American Terrorist: Timothy McVeigh and the Oklahoma City Bombing (ReganBooks, 2001), p.167.
3. <http://www.usdoj.gov/opa/pr/2001/April/180ag.htm>.<http://query.nytimes.com/gst/fullpage.html?res=9E03E3D8133EF931A25755C0A9679C8B63>.
4. 読売新聞、2003年5月22日付夕刊。
5. <http://www.ojp.usdoj.gov/bjs/pub/pdf/cp03.pdf>.
6. Lifton, R. J. & Mitchell, G., Who Owns Death?: Capital Punishment, the American Conscience, and the End of Executions(Perennial,2002), p.94.
7. <http://www.reuters.com/article/domesticNews/idUSN2326302420070524>.
8. <http://www.deathpenaltyinfo.org/article.php?scid=9&did=847>.
9. <http://www.abanet.org/jury/moreinfo/dialoguepart2.pdf>.

3 死刑の都

人生最後の食事に、どんなメニューを望むか。

私なら、鮨、おつまみの「柿の種」、そしてビールの3つが頭に浮かぶ。けれど、この3つを最期にそろって口にする可能性はおそらく、ほとんどないだろう。

通常の食事では、柿の種と鮨を一緒に食べることはしないので、少なくともどちらかが欠けたまま、不慮の事故に巻き込まれて命を落とすことになる。病気か老衰で最期を迎えるとしたら、こんなメニューが医師に許されるはずもない。

日本でもおなじみのアメリカ人コラムニスト、ボブ・グリーンが、死刑囚の最後の食事をテーマに書いたコラムに、「彼らは最後の食事が選べなかった（They didn't get to choose their last meals）」というものがある。アメリカ・オクラホマ州の州都オクラホマ・シティで1995年に起きた連邦政府ビル爆破事件の主犯者、ティモシー・マクヴェイが死刑に処されたあくる日の2001年6月12日に、ジューイッシュ・ワールド・レビュー（Jewish World Review）というオンライン・マガジンに掲載された[1]。

「人を殺した死刑囚は、被害者に最後の食事を選ぶ権利を与えな

かった——。実際、殺人犯に殺されたほとんどすべての人たちは、最後の食事を口にしている時、それが最後の食事だとは知らない。次の食事を心から楽しみにしている——そして、何者かによって、彼らの人生は幕を閉じる。

　それがマクヴェイのしたことなのだ。彼が殺した168人の人びとは、誰一人として、食事を味わうことがもうできない、などとは知らなかった。家族と夕食をともにすることはない。そう決定付けたのがマクヴェイなのである」

「殺人犯に注文どおりの最後の食事を与えることで、社会はこれから執行しようとする行為を詫びようとしているのだろうか——あなたをこれから処刑しますが、あなたに味わわせる苦痛を申し訳なく思っており、それをわかっていただきたい、とでも言うのか。

　だとしたら、馬鹿げている」

「マクヴェイが死刑判決を受けたのは、当然のことだ——168人のことを考えれば。慣習として最後の食事を選ばせるという、とんでもない形式主義をいまこそやめる時だ。死刑反対派でも、それには賛同すべきである」

　J・モロー（J. Morrow）というテキサス州の死刑囚が望んだ最後の食事は、とびきり贅沢、というほどではないにせよ、ひとつひとつにこまごまとした注文が付いていた。

　　・ステーキの小（柔らかくて、骨なしで、脂身がなく、ミディアムレアで）
　　・デザート：3本の大きなバナナをスライスして、1パイント（約500ml）のホイップチョコをかけること。アイスクリーム。ふわふわのココナッツパイ1切れ

「最後の食事（My last meal）」と題したその紙は、2003年に訪れたテキサス州ハンツヴィル（Huntsville）郊外のテキサス刑務所博物館（Texas Prison Museum）に展示されている。かなり癖のある文字で、同行したアメリカ人夫婦の助けを借りても、一部は判読できなかった。末尾にはこう書かれている。

「これが俺の最後の食事だ、こんちくしょう、皿やボウルが何枚要っても、食べ物が一緒くたに混ざらないようにして、あったかいやつを出してくれ、で、午後1時きっかりにな」

モローという苗字に「#321」という番号が添えられていた。

テキサス州刑事司法局（Texas Department of Criminal Justice, TDCJ）のホームページで検索してみると、1923～73年に電気椅子で処刑された死刑囚一覧の中に、その番号と名がある。死刑執行は1950年2月9日で、当時は29歳だったらしい。

ホームページには、1982年以降に処刑された死刑囚の生年月日、身長・体重から、死刑を受けた犯罪、過去の犯歴までが顔写真付きで掲載され、執行直前に語った「最期の言葉」も記録されているのに対し、1923～73年の死刑囚は人種と郡（county）名が記されているだけだ[2]。

しかし、最後の食事に関して要求する短い文面からは、ファーストネームすらわからないモローという男の人となりがうかがえて、その姿が浮かんでくるようだった。

アメリカでは50州中、2003年の段階で38州に死刑の制度があったが、その執行数において州の間の格差が非常に大きい。

1977年に死刑が再開されて以降、2007年までに全米で処刑された1,099人のうち、テキサス州では405人と断然多く、37％を占める[3]。

刑務所博物館には、古い木製の電気椅子が、再現された死刑執行室の中央に置かれている。殺人罪で1914年に死刑判決を受けた服役囚が製作したものだという。
　メキシコから独立したテキサスでは、1819年から1923年までの100年あまり、絞首刑が行われていた。そのころは、刑が確定したそれぞれの郡で執行していた。
　1849年、州で最初に建てられたハンツヴィルの刑務所は、赤レンガ造りの高い塀（wall）が特徴で、いまも"The Walls"と呼ばれている。
　死刑は1924年から州が一手に司ることになり、絞首刑を廃止し、代わって電気椅子をハンツヴィルの執行室に運び入れた。その後、1964年までに361人がその椅子に座り、火花（spark）が散り、命を絶たれた。だが、製作した当の死刑囚はどういうわけか懲役刑に減刑され、やがて釈放されたため、自身がそこに座ることを免れた[4]。
　"Old Sparky"と、博物館の電気椅子には愛称が記されている。アメリカでは、そこはかとない懐かしさを込めてそう呼ばれることがある。
　別のショーケースには、執行前に髪を刈るのに使ったバリカンやカミソリに加えて、古びたスポンジも展示されていた。「電気の通りをよくするのに使われた。塩水を含ませ、電極と死刑囚の頭の間に置かれた」と添え書きがあった。
　1972年の連邦最高裁ファーマン判決で、死刑が違憲と判断されると、当時のテキサス州知事は、45人の死刑囚と、死刑判決を受けて郡の刑務所に収容されていた7人を終身刑に減刑し、翌1973年3月には死刑囚の収容棟は空っぽになった。しかし、ファーマン判決が「違憲」と判断したのは、主に死刑適用の明確な基準がないという点であり、死刑自体が「残酷で異常な刑罰」に当たるかどうかについては、判事の間でも意見が分かれた[5]。そこで、州議会は1973年、州法を改めて死刑の要件を具体的に定め、1974年2月、新法の下で初めて死刑囚が収容された。

1964年まで処刑に使われていた電気椅子

3　死刑の都

"The Walls"と呼ばれるハンツヴィルの刑務所。アメリカ国内で最も多く死刑執行が行われてきた

が、彼は7月にベッドの上で首を吊って自殺した。

　1976年の連邦最高裁グレッグ判決は、テキサスの新法を合憲とした。1977年には、より人道的な死刑執行の手段として致死注射を採用することが決まり、フォートワースの自動車工を誘拐、殺害した男に対して、1982年12月に初めて使われた**6**。

　博物館のショーケースには、3本の注射器が縦に並んでいる。そのうちの1本は、「チオペンタルナトリウム（Sodium Thiopental）」という麻酔薬を、2本目は横隔膜と肺を虚脱させる「臭化パンクロニウム（Pancuronium Bromide）」を、そして最後の1本は心拍を停止させる「塩化カリウム（Potassium Chloride）」を注入するのに使う。そう書かれていた。TDCJによると、1回の執行で用いられるこれら薬物の費用は、86ドル8セント（約8,600円）だという。

　しかし、これは、死刑執行に至るまでにかかる莫大な公費のごく一部

にすぎない。

　死刑相当事件では、弁護人を自ら選任する経済的余裕のない被告人が多く、公選弁護人の報酬のほか、弁護人らによる調査に必要な経費などが公金で賄われる。死刑判決を受けても、州最高裁や連邦最高裁まで裁判が続くことは珍しくなく、テキサス州の場合、死刑執行までに刑務所で過ごす年数は平均10.26年**7**。地元紙ダラス・モーニング・ニューズ（The Dallas Morning News）が1992年に報じたところによると、死刑１件あたりの費用は230万ドル（約２億3,000万円）で、警備が最高度の独房で40年間服役した場合に比べ、コストは約３倍に上るという**8**。

　テキサス刑務所博物館の存在を教えてくれたのは、ニューヨーク州オルバニーで開かれた学会で発表を行ったテキサス州立サム・ヒューストン大の教員だった。
　博物館は公益法人が運営していて、「州の補助金は受けていないけど」と、その教員は演壇で言った。「囚人服や死刑で使う注射器なんかを展示している。中でも、受刑者につける鉄球付きの鎖と足かせは、州の統制と残忍さの象徴。博物館はそれを正当化している。非人間的なこの国の文化を物語るものだ」と語気を強めた。
　だが、私にとっては意外な展示物が、しかも注射器と同じショーケースの後部上方に掲げられていた。
　黒地に「STOP EXECUTIONS（死刑反対）」「TEXAS COALITION to ABOLISH the DEATH PENALTY（テキサス死刑廃止連盟）」と白く書かれた旗があった。
　その真上には、柔和な面持ちで白い歯を見せて笑う、女性の写真パネルがあった。
　近づくと、「Karla F Tucker 1959-98 38years」と書かれていて、顔の脇には処刑用の寝台が写っていた。

3　死刑の都

カーラ・フェイ・タッカー（Karla Faye Tucker）と、いまもミドルネーム付きのフルネームで呼ばれる彼女が世界中の関心を集めた大きな理由は、テキサス州では1863年以来135年ぶりに処刑された女性死刑囚だったからだ**9**。アメリカでは400年前の1608年に死刑が始まってから2007年までの間、処刑された全死刑囚に占める女性の割合は2.8％にすぎず、1977年の死刑再開以降は11人だけで、タッカーが2人目だった**10**。

1983年6月13日、タッカーはテキサス州ヒューストンにあるアパートに、ボーイフレンドのダニエル・ギャレット（Daniel Garrett）と忍び込んだ。バイクの部品を盗み出すのが目的だったとされている。2人は寝室で男性住人（当時27歳）と出くわす。ギャレットは男性の頭をハンマーで殴り、タッカーは部屋にあったつるはしで男性の背中を刺した。さらにタッカーは、毛布をかぶった女性（当時32歳）に気づくと、つるはしを今度はその女性に向けた。被害者2人の遺体には、20か所以上にわたって刺し傷や陥没痕があり、女性の胸にはつるはしが埋まっていた**11**。

アメリカの各州は、死刑に問える殺人（Capital Murder）を法律で定めている。テキサスでは、2人以上を殺したり、誘拐、不法侵入、強盗、特に悪質で刑が加重される強姦、放火などの犯行過程で殺害に及んだり、6歳未満の子ども、警察官、消防士、刑務官を殺したりしたケースがそれに当たる**12**。

テキサスの刑事裁判ではまず、陪審員が被告人の有罪、無罪を決める。タッカーは公判の初めこそ、無罪を主張していたが、のちに犯行を認め、有罪と評決された**13**。

次に量刑を決める段階に進む。死刑に問える殺人事件では、死刑とす

るか終身刑にするかを決めることになる。1976年の連邦最高裁グレッグ判決に従い、刑を加重すべき事情（aggravating circumstances）と情状酌量すべき事情（mitigating circumstances）を比較するのは多くの州と同じだが、テキサスの手続きが独特なのは、「イエス」か「ノー」か、二者択一のシンプルな質問が陪審員に提示される点だ[14]。

　被告人は今後も引き続き、社会に脅威を与える凶悪犯罪を起こす可能性があるか。被害者の殺害を計画し、死を予見していたか[15]。

　弁護団が当初、無罪答弁するようタッカーに言ったのは、犯行に計画性がなく、死刑に相当しないと考えたからだった[16]。

　タッカーの刑の行方が耳目を集めたもうひとつの理由は、「生まれ変わったクリスチャン（born-again Christian）」としばしば形容されるその信仰心にある。教会に一度も行ったことのなかったタッカーは、ハリス（Harris）郡刑務所でたまたま聖書を手にし、「神」と出会う。かつての自分のように薬物や売春におぼれる人たちに向けて、信仰と体験をもとに手を差し伸べようと決意する。「私のしたことは厳罰に値する。でも、もう、社会への脅威ではないのです」[17]

　陪審員たちはしかし、犯行の計画性についても、今後の危険性についても、全員一致で「イエス」と答え、検察側の求刑どおり、タッカーは1984年12月、死刑判決を言い渡された。共犯者のギャレットも同様に死刑の判決を受けたが、1993年6月、肝臓病で死亡した[18]。

　死刑が確定したタッカーにとって、「救済」を請う最後の機会は1998年に訪れた。

　テキサス州では、「恩赦・仮釈放委員会（Board of Pardons and Paroles）」に死刑の特赦（pardon）、減刑（commutation）、または延期（reprieve）を決定する権限が与えられている。知事は委員会の決定があった場合のみ、これらを実行に移すことができる反面、必ずしも従う

3　死刑の都

必要はない[19]。

当時の州知事で、のちに大統領となるジョージ・W・ブッシュの元には、ローマ教皇ヨハネ・パウロ２世を含め、国内外から寛大な措置を求める手紙が届いていた。

タッカーは委員会で、「私のしたことは本当に申し訳なく思っています。今後は二度と、人に危害を加えたりしません。みなさんが私を終身刑に減刑してくださるよう、神のお力添えを祈っています」と述べた。そして、「もし、死刑を執行しなければならないのなら、私の犯した罪の残忍性、凶悪性だけを根拠にしてください。将来、社会に脅威を与えるから、などということを根拠にしないでください。私はもはや、断じて、社会への脅威ではありません。実際、積極的に社会に貢献し、人びとの助けとなっているのですから」とも付け加えた。

反対16、賛成０、棄権２。タッカーの請求は委員会で退けられた[20]。

知事には、30日間、１度限り、執行を延期する独自の権限があるが、ブッシュはそれもしなかった。ブッシュの知事在任中、執行された死刑は152回。現代のアメリカにおける一知事の記録としては最高で、彼が知事の権限で減刑したのは１度しかなかった[21]。

ハリス郡の当時の検事正（district attorney）、ジョン・ホームズ（John Holmes）は退任後の2002年、雑誌「Texas Monthly」に、「Dealing Out Death（死刑が当然だという判断）」と題したコラムを寄せている[22]。

ホームズ氏は、タッカーについて「刑務所で改悛の情を見せているんだから、死刑にすべきではないと言う人がたくさんいた。しかし、裁判が終わった後に神に救いを求め、行いを悔い改め、善人になる。そんなことは起訴する側にとってどうでもいいことだ。陪審にとっても、まっ

74

たくどうでもいいこと。知事と恩赦・仮釈放委員会が対処する問題だ。死刑を中止して、代わりに終身刑にしようという動きがあった。私は賛成しなかった。彼女は死刑が当然だと思ったからだ。知事の側近と個人的に話した時、私はこう言った。『あの殺害現場の写真を公開するのは簡単だよ』と。タッカーが何度も何度も神と邂逅したとかしないとか、そんなことはどっちでもいい。彼女は自分のした行いを償うべきなのだ」と書いた。

男性死刑囚との交流を綴り、映画化もされたノンフィクション『デッドマン・ウォーキング（Dead Man Walking）』の著者、シスター（尼僧）・ヘレン・プレジャン（Sister Helen Prejean）は、1997年10月、タッカーを刑務所に訪ねた。「カーラ・フェイ・タッカー――ブッシュが死刑執行の令状にサインした――が少女時代、薬物におぼれ、売春をしていた事実を陪審員が知っていたら、情状を酌んで死刑を免れさせただろうか。タッカーはのちに素晴らしい模範囚となったが、『将来の危険性』を検討するのと同様、そのように性格が改善される可能性に陪審員が気づいていたとしたら、それでも彼らは死刑に票を投じただろうか。陪審員はそうした『新事実』に接する機会がなかった。でも、ブッシュにはあった。なのに彼は、裁判所の決定に従う義務があると言って、目を背けたのだ」。シスター・ヘレンは後年、そう述べた[23]。

タッカーは最後の食事に、スライスした桃とバナナ1本、それに「（クリーム状の）ランチかイタリアン」ドレッシングで和えたサラダを望んだ[24]。

1998年2月3日。処刑台の上で、タッカーは最期の言葉を述べるよう促されると、2人の被害者の遺族に謝罪し、長年過ごした女性刑務所の所長らに感謝の気持ちを示し、「これから神の下に行って、向き合うの。みなさんを待ってるわ」と語ったという[25]。

テキサス刑務所博物館には、ほとんど三角に変形した星条旗が、タッカーの写真の横に吊るされている。「ゲイリー・グラハム（Gary Graham）の死刑が執行されている間、抗議する人たちがこのアメリカ国旗を焼き、警察官らに投げつけた」という説明を添えて。
　1981年5月13日夜、ヒューストンのスーパーで、買い物を終えて出てきた男性（当時53歳）に何者かが近づき、男性の後ろポケットに手を伸ばした。男性が抵抗すると、ピストルで頭を撃ち、何十ドルかを奪って逃げた。男性は即死。100ドル紙幣60枚は取られずに残っていた。
　1週間後。当時20歳だったグラハムは、女性タクシー運転手（当時57歳）をガソリンスタンドで誘拐し、空き地でレイプした。女性の通報でグラハムは逮捕された。この1週間、周辺では強盗など22件の事件が起きていて、グラハムはこのうち10件の加重強盗と、女性運転手に対する逮捕容疑を認めた。
　スーパーでの強盗殺人事件では、10メートルほど離れた位置から犯人を目撃したという女性がいた。警察がグラハムの写真を別の4人の写真とともに並べると、女性はその中からグラハムを指さした。翌日の面通しでも、グラハムが犯人に間違いないと話した。
　グラハムは一貫して否認したが、ジョン・ホームズが検事正を務めるハリス郡の検察は、グラハムを起訴した。テキサス州内の多くの郡と同様、ハリス郡にも独立した公設弁護人制度（public defender system）がなく、公判では裁判官が任命した弁護人が弁護に当たった。
　公判では、女性のほかに2人の「目撃者」が検察側証人として出廷した。2人は「犯人の顔はよく見ていないが、グラハムと特徴が合っているので、彼が犯人かもしれない」と述べた。弁護人はといえば、「立証が不十分だ」と反論したものの、グラハムに有利な証拠を示したり、証人を申請したりということをしなかった。

陪審員は全員一致でグラハムを有罪とし、犯行の計画性や将来の危険性に関する質問にも「イエス」でまとまったため、裁判所は死刑の判決を下した。

　1984年に死刑が確定した後も、新たに結成されたボランティアの弁護団は、判決以前の弁護活動が不十分だったなどとして、州や連邦の裁判所で異議を唱え続けたが、ことごとく退けられた[26]。

　2000年に開かれた恩赦・仮釈放委員会では、「当時、犯人を見たが、グラハムではなかった」という2人の証言を弁護団がビデオで示し、無実を主張した。これに対し、ホームズ検事正は10ページに及ぶ意見書を提出。グラハムの有罪は揺るぎないと強調し、グラハムが犯行を認めていた10件の加重強盗の一覧を添付して、寛大な措置をとることに強く反対した[27]。

　その年の6月22日。死刑執行室に連行される際、グラハムは激しく抵抗した。刑務官たちは重装備して、力ずくで連れ出した。ハンツヴィルの刑務所でこうした処置がなされたのは、死刑再開後それまでわずかに2回しかなかった[28]。

　当日の夜。Wallsの周りでは、数百人が死刑反対を叫びながら行進した。警察官が催涙ガスや警棒を準備して暴動に備え、逮捕者も出た[29]。

　そんな中、執行室では、グラハムが「私は殺してはいないと申し述べたい。私はこれから殺される無実の黒人です」と、最期の言葉を延々と語りだした。「これは民族虐殺の一部です……州が許可した殺人であり、州が許可したリンチ以外の何物でもない。まさにここアメリカで、今夜この場所で起きるのです……」[30]

　アメリカでの死刑執行が、これほどまでテキサス州に偏っている理由は何だろう。

　死刑相当事件を担当してきた弁護士らでつくるNPO「テキサス弁

3　死刑の都

護人サービス（Texas Defender Service）」は2005年5月、「リスクの軽減――テキサスの死刑改革に向けた青写真（Minimizing Risk: A Blueprint for Death Penalty Reform in Texas）」を発表した。その中で、テキサスの刑事司法制度の主な欠陥として、全州的な公設弁護人事務所がないこと、仮釈放のない終身刑という選択肢がなかったこと、死刑に問える事件の項目が多いこと、訴追に関する検察の裁量が大きく、結果として人種や地域に偏りが生じていることなどを指摘している[31]。

　一方、アメリカでかつて行われていたリンチ（lynching）、つまり法に拠らない私的制裁と、死刑執行数との相関に着目する専門家も少なくない。

　フランクリン・ジムリング（Franklin Zimring）は著書『アメリカの死刑の矛盾（The Contradictions of American Capital Punishment）』で、テキサスなどのアメリカ南部と、中西部、西部、北東部の4つの地域別に分析している。1977年から2000年までに行われた死刑執行数の比率は、南部がテキサスを筆頭に81％で、中西部10％、西部8％、北東部が0.05％。一方、統計上、リンチは総数の約9割が1889年から1918年に集中し、この間、南部で88％、中西部7％、西部5％、北東部は0.3％と、死刑執行とほぼ同様の比率となっている。リンチが少なかった下位の14州中、11州では1977年から2000年までの死刑執行はゼロで、このうちマサチューセッツ、ミシガンなど7州には、そもそも死刑制度自体がない[32]。

　テキサス州の中でも、タッカーやグラハムが死刑判決を受けたハリス郡は、「極刑の量産地」といえる。

　ハリス郡で死刑を言い渡されたのちに執行されたのは、1977年から2007年までで102人。州全体の25％、全米の9％を占める[33]。仮にハリス郡を1つの「州」とすれば、執行数はバージニア州（98人）、オク

ラホマ州（86人）を抜き、テキサス州（405人）に次いで２位ということになる[34]。州内上位のダラス郡（34人）、ベクサー郡（26人）と比べても群を抜いている[35]。

　FBI（連邦捜査局）の『統一犯罪報告書(Uniform Crime Reports)』のデータによれば、ハリス郡の中心都市であるヒューストンの人口は約200万人と、州内一の大都市で、ダラス、ベクサー各郡の中心都市ダラス、サンアントニオ（ともに120万人台）を大きく上回り、2006年に報告された殺人は202件。ダラスは100件、サンアントニオは67件で、人口10万人当たりの発生率に直しても、それぞれ9.7件、8.0件、5.2件と、ヒューストンは確かに高い[36]。

　だが、殺人犯のうち、死刑となるのは一部にすぎないことを考えると、執行数における３つの郡の格差は、単に治安状況だけでは説明がつかない。

　そこで、死刑の恣意性、量産の張本人として、たびたび死刑反対派のやり玉にあげられてきたのが、1979年から2000年までハリス郡の検事正を務めたジョン・ホームズ氏なのである。

　たくわえた口ひげは、唇の端から大きくはみ出し、さらに上にカールしている。地元紙で見つけたホームズ氏の顔写真は、いかにも強面だった。

　テキサスでは首長や裁判官と同じく、検事正も選挙で選ばれる。「もしも、住民が何か別のことを望んでいるとしたら、どうして僕はまだここにいるのかな」。最終任期も終わりに近づいたころ、ホームズ氏はこう語ったという[37]。凶悪な殺人事件の被告人に対し、果敢に極刑を求めてきた姿勢が支持されたからこそ、信任されてきたのだ。そんな自信の表れなのだろう。

　死刑求刑に関する彼の考えは、こうしたインタビュー記事や先に引用

したコラムから窺うことができる。

「法規があるなら、従わなければならない。死刑が本質的にその犯罪にふさわしく、陪審が死刑の評決を出すだけの十分な材料があるのに、どうして死刑を求めちゃいけないのか。法を執行しなければ、法に対する軽視を招くだろう」[38]

「テキサスの州議会は『死刑が選択できるのは最も残忍なたぐいの殺人だけ』だとは言わなかった。2人以上の人、6歳未満の子ども、仕事中の消防士や警察官を殺した場合や、不法侵入、強盗、放火、強姦の過程で殺害した場合、そして、被告人が脅威であり続けると陪審が判断した場合には、選択肢となるって言ったんだ。だから、『事件が本当に残虐でない限り、死刑の選択肢を陪審員に与えない』などと検察官が言ったりしたら、陪審がそうした決定をするのを回避することになる」[39]

「検察官は、陪審が合理的に判断して死刑の評決を出すだろうという確信がない限り、死刑を求刑すべきではない。被告人が特異で、死刑が相当であることを示さなければならない。身上・経歴、前科、将来の危険性までを子細に調べてね。前科がない人間が、強盗の過程で人を殺したとしよう。この事件で、死刑を求刑するか。いや、しない。上訴審で死刑が確定する根拠が不十分だから。そういうことをひとつひとつ考えて、死刑を求刑するかしないかを決めるわけだ」[40]

ホームズ氏の哲学は明確で、鋼のような強さが伝わってくる。それでもなお、私には知りたいことがあった。

2年間にわたるアメリカ留学も残りわずかとなり、帰国を間近に控えた2004年7月、ハリス郡検察庁に電話をし、ホームズ氏の連絡先を教

えてと頼んでみた。

応対した女性職員は案の定、「それは無理ね」と拒んだ。「じゃあ、自己紹介と取材依頼の趣旨をメールで送るので、転送してもらえないか」とすがると、「返事があるかどうかは約束できないわよ」と言って了解してくれた。

その日のうちに、ホームズ氏から返信のメールが届いた。

「可能なら、ヒューストンまであなたを訪ねたい」という私の申し出に、ホームズ氏は「いまはもうヒューストンに住んでないんだ。ヒューストン西部の郊外に住んでてね。でも、君の質問には喜んで答えるよ。メールで送ってくれないかな」と好意的だった。

直接会えることを期待して用意していた幾つかの質問の中から、「基本的なことを訊かせてください」と、次の2つに絞ることにした。

(1) 検察官が死刑を求刑する場合、何も個人的信念に基づいてというわけではなく、ただ職務を遂行しているということなのだと思います。死刑に関するあなたの個人的見解を教えていただけますか。ハリス郡の検事正を退官された後、その見解に変化はありましたか。

(2) 死刑に代わる刑罰として、仮釈放のない終身刑を支持しますか。その理由も教えてください。

最初の質問をいま読み返すと、ホームズ氏を擁護するニュアンスが多分に含まれている。それは、取材を快諾してくれた先方への配慮だけではなく、死刑量産の批判の矛先をひとり検事正に向けることに抵抗を感じていたからでもある。

2つ目の質問を補足するなら、テキサス州にはこの時点で「仮釈放なしの終身刑」は制度化されていなかった。

夜の10時前に送った質問に対し、ホームズ氏からは翌朝9時過ぎにもう、答えが返ってきた。

「オーケー、じゃあ、いくよ」。軽い調子で書き出されていた。

⑴　死刑に関する僕の意見と立場は、退官後も変わってはいないよ。検察官というのは、法律をあるがままに遂行する義務がある。個人的に「こうあるべきだ」と信じてふるまうんじゃなくてね。死刑が相当である事件に対し、死刑がふさわしいとは考えない検察官に、検察官として人民を代表する権利はないね。

ごく率直に言えば、職務を遂行するのに死刑が正しいと信じる必要はないと思う。なぜなら僕は、法律で罰する必要はないと思った行為でも、起訴した経験があるからね。

法律に書かれたとおりに遂行するのが我々の義務で、必ずしも法と個人的見解を一にする必要はないんだ。

⑵　死刑の代替刑として、仮釈放なしの終身刑を支持することはないよ。

昔ね、当時のテキサス州知事と、そんな刑罰の相当性について大議論したことがあったよ。

死刑に問える事件というのは、かかわった行為に対して死刑がふさわしい判決かどうか、偏りなく選ばれた陪審員が刑罰として死刑を適用するかどうか、そのメリットで評価すべきもの。もし、死刑は相当ではないと陪審員が考えるなら、結論はいわゆる終身刑になる。

もし法律を変えて仮釈放なしの終身刑を選択肢とするなら、12人の陪審員が全員一致で死刑に賛成するのは極めて難しくなるだろうね。少なくとも、僕はそう思う。

もっと言えば、疎明事実の下で陪審員が「死刑判決を受けるべきではない」と判断した人間が、どうして永久に服役しなけりゃならないのかな。

陪審員が「死刑は不適当」と判断した人が、年齢とともに成熟して、

まして刑務所を出た後も引き続き社会に脅威を与えるなんてことはめったにないでしょ。それに、陪審員によれば死刑がふさわしくないというのに、どうして、人民が、社会が、納税者が——呼び名はどうでもいいけど——その人を終生養わないといけないわけ？

　一般社会の人たちと同じく、受刑者も年をとるにつれて、健康の問題が出てくるよね。年をとれば生きながらえるのにカネもかかるし、医療的にだんだん気をつけなけりゃならないし、いろんな経済的負担が増える。「仮釈放なしの終身刑」の受刑者が齢を重ねれば、収容の費用も劇的に上がる。仮釈放なしの終身刑という案が実現しなければ死刑を受ける、そういう連中を死ぬまで養いたいとは僕は思わんね。

　起訴された行為と前科から、死刑相当と陪審員が判断したのなら、死刑とするのが当然で、「永遠に刑務所にぶち込んでおく」なんてことはあってはならん。

　覚えておくとおもしろいのはね、この仮釈放なしの終身刑っていう法律を支持する人たちというのは、いかなる条件でも死刑の価値を認めない。そういう人たちなんだ。

　事件の審理に当たる人たちが死刑相当と判断したなら、被告人を終身刑にする道理がない。唯一、終身刑を模索する道理があるとするなら、被告人を終身刑にすれば、陪審員にとっては「死」について判断しなけりゃならない案件が減る。それだけのことさ。経済的に考えても、あまり合理的とは言えないね。

　回答の原文は改行することなく、ほとばしるように一気に書かれていた。

　アメリカのラジオ局National Public Radioが2000年10月に放送した音声ドキュメンタリーで、「死刑の立会人（Witness to an Execution）」（の

3　死刑の都　83

ちにCD化)という秀作がある。

　Wallsで執行に立ち会ってきた教誨師、刑務官、記者らが交互に登場し、それぞれの独白と後ろに流れる静かな音楽で構成されている。各自が果たす役割、死刑囚や見守る被害者遺族らの様子を淡々と述べ、執行の流れが時刻を追って学べる。だけでなく、彼らが秘めた死刑囚への思い、苛酷な制度を運用する第一線の当局者ならではの葛藤が処々ににじんでいて、ドキュメンタリーというより、叙情的な物語を読んで聴かされた気分になる。

　この番組によれば、Wallsでは通常、以下のように死刑が執り行われる。

午後一番	死刑囚、執行室のある建物に到着。房の中で教誨師と待つ
2:00pm	電話をかけることが許可される
3:00pm	弁護士と精神的アドバイザーの訪問を受ける
4:30pm	最後の食事が与えられる
5:55pm	刑務所長が執行室のある建物に向かう
6:00pm	知事と州司法長官の執務室から執行開始を許可する電話がかかる
6:05pm	医療チームが死刑囚に注射針を挿入し、点滴を吊るす
6:09pm	刑務官が立会人を執行室の隣の小部屋に案内する
6:12pm	執行人が薬物注入を開始
6:20pm	医師が死刑囚の脈を取り、死亡を宣言する

　番組の進行は、実際の執行と同様、当時Wallsの刑務所長だったジム・ウィレット(Jim Willett)という男性が主導していた。

彼は最後のナレーションをこう締めくくる。「僕は来年退職しますが、正直、ちっとも寂しくありません。あそこに立って、液体が注入され始めるのを見守っていると、ここで我々のしていることは正しいんだろうかって、そう思う時があるんです。生きている間はずっと、考え続けることなんでしょうけど」41

ウィレットさんに会いたい。直接会って、話を聞いてみたい。
そう思った私は、インターネットの電話番号検索サイトでTexas Jim Willettと入力した。番号は何件か表示され、1軒ずつかけることにした。
「失礼ですが、以前、ハンツヴィルで刑務所長をしていたジム・ウィレットさんのお宅ですか」と恐る恐る切り出した。
いずれも外れだった。中には「刑務所って、あの、囚人の住んでる刑務所のこと？」と素っ頓狂な声を上げ、嫌悪感を露にした女性もいた。
ほとんど諦めかけて、Googleで再度、Jim Willettと入れてみた。
パソコンの画面をめくっていくと、何ページ目かに、その氏名がTexas Prison Museumという一続きの言葉とともに浮かび上がった。
一も二もなく、電話をした。ウィレットさんは刑務所長を退いた後、そのテキサス刑務所博物館で館長をしていることがわかった。同じテキサス州のヒューストンに住む友人夫婦の家に、数週間滞在させてもらうことになっていたのに合わせて、2003年7月22日、博物館に彼を訪ねる約束をとりつけた。

クリっとしたやさしい眼差しを向け、ジムは私たち3人を出迎えてくれた。
あいさつもそこそこに、私は館内に展示されていた「最後の食事」のリストについて訊いてみた。

3　死刑の都

「死刑囚って、最後の食事を選べるものなんですか？」

「予算の範囲内で、アルコール以外ならね。何が食べたいか、死刑執行の2～3週間前に手紙をもらうんだ。昔はねえ、処刑される当人も含めて受刑者8人分のケーキを刑務所が注文したもんだ。時には教誨師と僕でエビを食べさせたこともあったよ。ポケットマネーでね」

ジムはWallsで30年間、刑務官を務めた。1998年から最後の3年間は所長として、89人の死刑執行を指揮してきた。ゲイリー・グラハムも含まれている。「女性は1人だけいたね」。カーラ・フェイ・タッカーのことだ。

死刑囚は普段、60キロあまり離れた別の刑務所で暮らしている。少なくとも60日前には、「その日」が通知されるが、Wallsに移送されるのは当日の午後。だから、Wallsの刑務官や所長と死刑囚との間には、一定の心理的距離が保たれる。所長が常々、管理下にある受刑者をファーストネームではなく、姓で呼ぶというのも、敢えてそうした距離を保とうという意識の表れなのだろう。それでもかつては身銭を切ってごちそうをふるまった。そこには、冷徹な官憲になりきれない、生身の人間の温もりが感じられた。

89回の執行のたびに、決まりにしていた習慣とか、執行を終えて、それを忘れるためにやっていた儀式のようなものがあるのではないか。たとえば、つつがなく進むようにと縁起を担いだり、日本でいえば清めの塩をまいたりということが。

「特別ないよ」。拍子抜けした。「5時半になると、タバコを吸ったぐらいかな。君は吸う？　じゃあ、わかるだろう」

午後6時。知事、州司法長官の執務室とそれぞれ専用線で話し、ゴーサインが出る。

「ジョンソン、おいで。行くよ」

死刑囚が待機している房から連れ出す時の様子を、ジムは仮の姓を使って説明してくれた。教誨師がそばに付き添い、4〜5人の刑務官が従う。一行が執行室に着く。寝台の上で横になるよう、刑務所長が命じ、刑務官たちが縛り付ける。
　やがて、すべての準備が整う。ウィレット所長は「始め」の合図に、眼鏡を外す。「なぜって、僕の前の所長がそうしてたからさ」

　死刑囚は注射によって、眠りに就くように息を引き取る。間接的にそう聞いていた。「本当に、みんなそうなんですか」。一人残らず、という意味を込め、"all the inmates"のallにアクセントを置いて、私は尋ねた。
　「ああ、そうだよ。30秒後には死ぬね。中には軽いいびきをかく人もいれば、ひどいいびきをかく人もいるけどね。みんな、眠るようだった。一瞬たりとも苦しんでるようには見えなかったね」。30秒後とは、3種類の薬物を注入し終えてから、という意味だろう。
　日本では絞首刑が行われている。それに、当局関係者以外は立ち会えない。どう思うか。余計な説明も質問の意図も省き、反応を待った。意図的にかどうか、ジムからはストレートな見解は聞けず、致死注射という方法について、2行の詩のような答えが返ってきた。

　──死刑囚の家族からすれば、最善の方法かもしれない。
　──犠牲者の家族からすれば、安楽かもしれない。

　「たぶん、40歳くらいの男だったかな。本当にいいやつでね」。最も印象に残った死刑囚のことをジムはそう言った。タッカーと同じように刑務所でクリスチャンになり、最期にこう語ったという。「私のしたことは間違っていました。今夜起きることは素敵なことです。私はより良

テキサス刑務所博物館に展示されている死刑執行用の注射器とジム・ウィレットさん

き場所へ行きます」。"better place"が「天国＝神のいる場所」を意味することは容易に理解できた。

　ジムはそれから、別の男性死刑囚のことを思い出し、「刑務所に入ってなかったら、クリスチャンにはなってなかっただろうな」と言った。

　89人が残した、あるいは残さなかった「最期の言葉」の中で、ジムの心に強く刻まれたのは、どんなものだったのか。
　「歌をうたってもいいかな」。死刑囚がウィレット所長に訊いた。
　「ああ、いいよ。どうってことないさ」と所長が許可すると、彼は「きよしこの夜」を口ずさみ始めた。
　　きよし　この夜　星は　光り
　　救いの　御子は……
　そこでウィレット所長は不覚にも、眼鏡を外してしまった。執行室から流れ出す歌声に耳を澄まし、しっとりと別れを惜しんでいた人たちか

らは当然のようになじられ、平謝りに謝った。

「小柄な黒人の男だったな」。思い出はさらに別の死刑囚に移る。
　テキサス州は1996年から、被害者の遺族や友人に対しても執行への立ち会いを認めていた**42**。
　被害者と自分の双方の家族に、彼は「感銘を与える」言葉を述べ、謝罪した。語り終えると、「所長、以上です」と伝えた。
　ウィレット所長が眼鏡を取ろうと手を動かした時、「ひとつ忘れてた」と彼は声を上げた。「ダラス・カウボーイズ（Dallas Cowboys）はどうなった？」
　彼が最後の最後まで気にかけたのは、地元テキサスのアメフトチームの勝敗だったのだ。大阪拘置所の死刑囚が「ところで所長はん、阪神、勝ったんかいな？」と尋ねるようなものだろう。
　ジムは「そんなこと言うなんて、思いも寄らなかったよ。あんなすばらしい言葉をしゃべった後だったから、妙だったし、バカみたいだなって思ったけどね」と当時を振り返った。
　私はいつか、自分が似たような振る舞いをしたことがあったような気がした。そうだ、むかし、近しい人を立て続けに亡くした時だ。
　私には彼が「バカみたい」だとはとても思えなかった。目の前で見守る家族を悲しませないよう、あるいは自分の恐怖心を隠すため、敢えてたわけたことを口にしたのではないか。そして、実はジムも、彼の心の内がわかっているのではないか。
　死刑囚の中には、びびる人もいれば、僕らと同じように落ち着き払った人もいる。ジムはそう言った。カウボーイズファンの彼は、後者のように見せかけて、本当は前者だったのかもしれない。
　彼のそばへ教誨師が近づき、足にそっと手を置いた。彼はこの日、キリスト教メソジスト派の儀式にのっとって、教誨師に水をかけてもら

い、洗礼を受けた。

　「僕の仕事の中で一番つらい部分だけど、僕の仕事であることに変わりはない」。ジムはまだ刑務所長だったころ、ニューヨーク・タイムズの取材にこう答えている。
　2002年12月5日の火曜日からは3夜連続で「一番つらい仕事」が待ち受けていた。
　3日目の朝。ウィレット所長は、知らない男性から1本の電話を受ける。
　「あんたたちのやってることが、どんなにひどいことだと思ってるんだ」。電話の主は9分間、話を続けた。
　聞き役に徹していた所長は、最後にこう言った。
　「オースティン（テキサスの州都）に行って、死刑を廃止しろと言えばいいよ。僕は何ともないから」[43]

　私はいよいよ、用意してきた質問のうち、訊くのに多少勇気が要る種類の質問をジムにぶつけることにした。
　「あなたは仕事に誇りを持ってましたか？　それとも逆に、誰かに侮辱されたことはありますか」
　「侮辱されたことはないよ。仕事は楽しかったね」
　「職務から逃れたいって考えたことはあります？　あるいは、ご自身やご家族に対して、ご自身の仕事をどのように正当化したんですか」
　「それが僕の仕事だからね。家族とそのことを話したことはないねえ。職場の仲間もみんな、いいやつだったしね」
　ジムは終始、静かな笑みをたたえていた。そして、こう続けた。
　「有罪と判断された人を死刑にすべきかどうか、それを決めるのは陪審員だよね。12人の陪審員全員が被告人の刑罰について一致するのは、

よほどのことだ。知事だって、自分ひとりじゃ判断できない。恩赦の委員会があるわけでね」

その答えを咀嚼した。

死刑を求刑する検察にも、判決を言い渡す裁判官にも、ひとり責めを負わせることはできない。死刑という制度を導入し、存続させ、その刑罰を選んだのは、まぎれもなく「我々の」社会なのだ。そう言っているように聞こえた。

しばし沈黙してから、話の接ぎ穂として、「僕はまだ、いまのところ、死刑に対する立場がどっちつかずで……」と言いかけた時、ジムは「僕も一緒だよ」と言った。

取材を申し込んだ時点から何となく想像はしていたものの、こうして直に聞くと、とても意外な感じがした。

留学先の大学で、死刑を執行する刑務官の職務が話題になった時、主任教授は「いくら職務といったって、死刑賛成派じゃなきゃ、その場に居続けられるはずがないわ」と持論を展開した。

私の意見は少し違った。

それまで15年近く新聞記者をしてきた私は、幾度となく、たとえば焼死した人の、たとえば殺害された人の顔写真を関係者から借り、紙面に掲載してきた。「デスク」と呼ばれるその時々の上司たちは「顔写真があるのとないのでは、読者に訴える力が違う。俺たちが必要としているんじゃなくて、紙面が必要としてるんだ」などと言った。必ずしもその言葉を素直に受け止めることはできなかったが、「必要」とされる時に顔写真がとれなかった記憶はあまりない。「これも仕事」。そう割り切っていた。

もっとも、目撃者であり記録者にすぎない新聞記者の役割と、人間の命を絶つのに直接手を下す刑務官の仕事を同列に論じることは、適切で

3 死刑の都

はない気もしたけれど。
　「僕は中立だよ」とジムはもう一度繰り返した。「子どもを殺した犯人に同情はしないけどね」と付け加えて。

　死刑制度を容認する人たちの多くは、「遺族感情」を論拠に挙げる。この中にはたいてい、「報復」や「応報」も含まれている。
　一方、死刑廃止論者たちは「無辜の人」を処刑してしまう危険性を強調する。
　ジムは「被害者の遺族と話したことはないけどね」と前置きしたうえで、こう話した。「受刑者が処刑されれば、気が晴れると期待するのかもしれない。でもね、クリスマスプレゼントのことを考えてみるといい。子どもたちは楽しみにしているし、もらった時は大喜びする。けど、2か月もすれば、そんなに大したものじゃないって悟るかもしれない」
　では、彼の経験上、処刑された「無辜の人」はいただろうか。
　"Possibly."
　この答えを、死刑賛成派は「ひょっとしたらね」と、反対派なら「たぶんね」と訳すのかもしれない。殺人の容疑で父子が逮捕された。父は「自分がやった」と自白し、父だけが死刑になった。ジムは父が息子をかばったのかもしれないと思っている。

　ジムは退官後の2002年3月、エスクァイア（Esquire）誌のインタビューで「もし別の道を歩むことができたなら、より良きクリスチャン人生を生きたいね」と語っている[44]。
　私はその真意が知りたかった。ジムは「他意はないよ」といった調子で「僕の人生全般の話さ。僕と神との関係についてのね」と話すだけだった。

それを聞いて、私は予定外の質問を最後に投げかけた。
「終身刑と死刑、あなたならどちらを選びますか」
ジムは迷わず、「終身刑」と答えた。「死んだら、witnessになれないからね」
彼は刑務所のwitnessとして、89人の死を見届けてきた。しかし、死んだらなれないwitnessとは、「神について人びとに語る人」のことを指すらしい。

2005年9月。テキサス州は死刑に関する法律の規定を改めた。
ひとつは、死刑囚の死亡証明書に記される死因。これまでは州による「殺人（homicide）」とされていたのが、「裁判で命じられた死刑（judicially ordered execution）」と変わった[45]。
さらに大きな改革は、死刑に問える殺人事件の裁判で、陪審が「仮釈放のない終身刑」を選択できるようになったことだ。従来の「終身刑」は、40年間服役すれば仮釈放を申請する道があった[46]。この結果、死刑存置州のうち、「仮釈放なし」の刑を持たないのは、ニューメキシコ州だけとなった[47]。
これについて、テキサス州のリック・ペリー（Rick Perry）知事は「有罪が確定した殺人犯は二度と外を歩くことができない。陪審員は確実に社会を守る新たな選択肢を手にすることになり、我々の刑事司法制度は改善されると確信している」との声明を発表した[48]。
さて、ホームズ氏はどう考えるだろう。
日本からメールを送ってみたが、今度は返事がなかった。

1 <http://www.jewishworldreview.com/bob/greene061201.asp>.
2 <http://www.tdcj.state.tx.us/stat/executedoffenders.htm>. <http://www.tdcj.state.tx.us/stat/prefurman/electrocutions.htm>.
3 <http://www.deathpenaltyinfo.org/FactSheet.pdf>.

4 The Huntsville Convention and Visitors Bureau& Huntsville-Walker County Chamber of Commerce, Prison Driving Tour (2003). <http://www.tdcj.state.tx.us/stat/drowfacts.htm>.
5 <http://www.utexas.edu/utpress/excerpts/exsorlet.html>.
6 <http://www.tdcj.state.tx.us/stat/drowfacts.htm>.
7 同上。
8 The Dallas Morning News, 1992年3月8日付。
9 <http://query.nytimes.com/gst/fullpage.html?res=990CEFDF1F3AF930A35751C0A96E958260>.
10 <http://www.deathpenaltyinfo.org/article.php?did=230&scid=24>.
11 <http://www.tdcj.state.tx.us/statistics/deathrow/executed/tucker.jpg>.
12 前掲資料6。
13 <http://edition.cnn.com/SPECIALS/1998/tucker.execution/transcripts/trans.1.14.html>.
14 <http://www.texasdefender.org/risk.pdf>.
15 <http://tlo2.tlc.state.tx.us/statutes/docs/CR/content/pdf/cr.001.00.000037.00.pdf>.
16 前掲資料13。
17 同上。
18 前掲資料11。
19 <http://www.tdcj.state.tx.us/bpp/exec_clem/exec_clem.html>.
20 前掲資料9。
21 Sarat, A., "Putting a Square Peg in a Round Hole: Victims, Retribution, and George Ryan's Clemency," p.208 in Wounds that do not bind: victim-based perspectives on the death penalty, edited by Acker, J. R. & Karp, D. R(Carolina Academic Press, 2006).
22 Holmes, JR., J. B. "Dealing out Death," Texas Monthly, 30(2002), pp.68-70.
23 <http://www.nybooks.com/articles/17670>.
24 前掲資料9。
25 <http://www.tdcj.state.tx.us/stat/tuckerkarlalast.htm>.
26 <http://capitalpunishmentincontext.org/cases/graham>.
27 <http://query.nytimes.com/gst/fullpage.html?res=9A0CE5D91031F932A15755C0A9669C8B63&sec=&spon=&pagewanted=3>.
28 <http://query.nytimes.com/gst/fullpage.html?res=9C07E7DA1439F934A25751C1A9669C8B63>.
29 <http://edition.cnn.com/2000/LAW/06/22/graham.execution.03/index.html>.
30 <http://www.tdcj.state.tx.us/stat/grahamgarylast.htm>.
31 前掲資料14。
32 Zimring, F.E., The Contradictions of American Capital Punishment (Oxford University Press, 2003), pp.93-95.
33 <http://www.tdcj.state.tx.us/stat/countyexecuted.htm>.
34 前掲資料3。

35　前掲資料33。
36　<http://www.fbi.gov/ucr/prelim2007/table4ok_wi.htm>.
37　<http://www.chron.com/disp/story.mpl/special/penalty/813783.html>.
38　同上。
39　前掲資料22。
40　同上。
41　<http://www.soundportraits.org/on-air/witness_to_an_execution/transcript.php3>.
42　前掲資料6。
43　前掲資料28。
44　<http://www.esquire.com/features/what-ive-learned/ESQ0302-MAR_WIL>.
45　<http://www.governor.state.tx.us/divisions/press/pressreleases/PressRelease.2005-06-17.2331>.
46　<http://www.tdcj.state.tx.us/mediasvc/connections/JanFeb2006/agency2_v13no3.html>.
47　<http://www.deathpenaltyinfo.org/article.php?did=555&scid=59>.
48　前掲資料45。

4 死刑防御の達人

　オクラホマ連邦政府ビル爆破事件の加害者の1人、テリー・ニコルズに対し、オクラホマ州の地方裁判所の陪審が「仮釈放なしの終身刑」という評決を下したのは、2004年6月11日のことだった。
　共犯者のティモシー・マクヴェイは、ちょうどその3年前の6月11日にすでに処刑されていた。
　ニコルズはまず、連邦裁判所でマクヴェイとは分離して審理され、死刑を求刑されながら、1998年に仮釈放なしの終身刑の判決を受けた。そして、今度はオクラホマ州の検察が起訴し、死刑を求刑したが、またも極刑を逃れた。
　マクヴェイについては、たとえばジャーナリストのルー・ミヒェル（Lou Michel）とダン・ハーベック（Dan Herbeck）がマクヴェイ本人や関係者にインタビューしてまとめた『アメリカン・テロリスト――ティモシー・マクヴェイとオクラホマ・シティ爆破事件（American Terrorist: Timothy McVeigh and the Oklahoma City Bombing）』など、彼の生きざまを記した書物が刊行されている。
　だが、ニコルズに関しては、主に新聞記事やテレビのニュース番組など、単発的な報道でしかその人となりを知ることができないうえ、私の留学中に州の地裁で行われた公判でも、彼は証言台に立つことなく、したがって、自身の言葉で語ることを一切しなかった。

そして、私が何よりも知りたかったのは、ニコルズを死刑から救った弁護団の「戦略」だった。
　連邦裁判所で彼が仮釈放なしの終身刑という判決を受けることとなったのは、主として、爆破事件で犠牲となった8人の連邦職員に対する非故意殺の罪だった。
　ところが、今回の州地裁では、残る160人と胎児1人に対する殺人の罪に問われた。単に犠牲者の数を比べただけでも、明らかに今回の方が形勢は不利だったはずである。
　州地裁の審理は大きく3段階で進められた。陪審員が①有罪か無罪か→有罪②死刑か終身刑か→終身刑という評決を下し、最終的には、裁判官が③終身刑を仮釈放の可能性ありとするか、なしとするかについて、「仮釈放なし」とする判決を言い渡したのである。
　実際には、死刑を免れた②の時点で弁護団の勝利と言えるし、検察側との戦いは①より前、すなわち陪審員を選ぶ段階から始まっていたはずだ。
　陪審の評決が出たころ、2年に及ぶ私の休職・留学期間は終わりに近づいていた。
　弁護団の中心人物、クリークモア・ウォレス（Creekmore Wallace）弁護士（60歳）の事務所に電話をし、取材を申し込んだ。
　インタビューしたのは2004年7月10日。オクラホマ・シティから100キロ余り、オクラホマ州北東部のサパルパ（Sapulpa）まで車を走らせた。道に迷って大幅に遅刻した私を、ウォレスさんはにこやかに迎え入れてくれた。
　彼はまず、自身の戦争体験に根差す死刑反対論を語り始めた。

　僕はこれまで、殺人という手段を選んだ──どんな理由であるにせよ──60数人の弁護を担当しました。どんな問題が起きたにしろ、解決

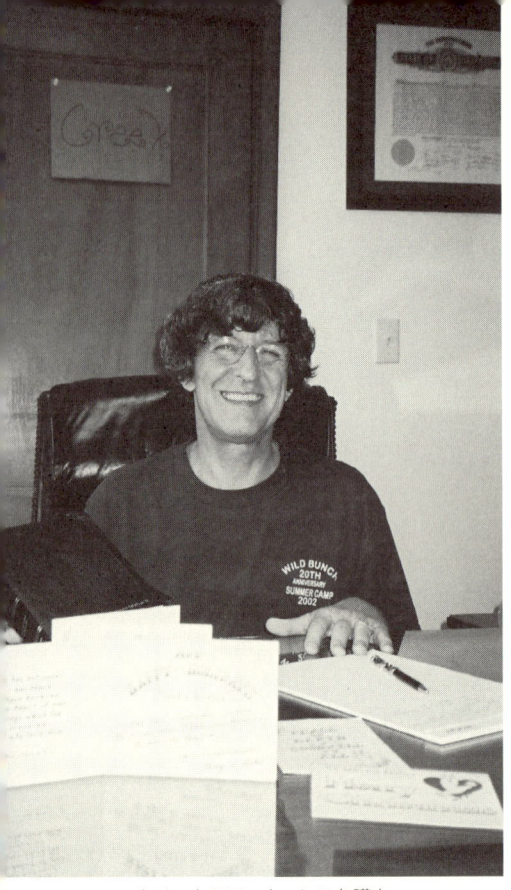

クリークモア・ウォレス弁護士

の手段として誰かを殺した人たちです。その事情は千差万別です。

　死刑が問題だと僕が思うのは、倫理的側面からです。

　僕はベトナムに出征しました。その後、青年兵士の問題に関するニクソン大統領の軍事顧問に就かないかと打診されました。でも、人を殺すという行為に再びかかわるなんてことは、想像できませんでした。

　僕がテリー・ニコルズの裁判を引き受けた時、僕の親友だった郡保安官が2つのことを僕に望みました。特殊繊維でできた防護服をもらってほしい。それから、武器を隠し持つライセンスを取ってくれと。僕は言った。「いや、それはできない。僕も長いこと生きてきた。もう60だ。もし誰かが僕を殺そうというんなら、むしろ、そう、この年齢で人生をあきらめるさ」ってね。

　過去に僕は、実に多くの命を奪ってきた。それが戦争というもの、確かに、それが戦争だ。でも、人の命を奪うなんてこと、いまでは想像できないんです。

　その一方で、僕はずっと恐怖心をひきずってきました。感情的なものに支配されてきた。戦場ではずっと恐怖心におののき、あとは怒りの気持ちだけ。自分自身への怒りが高じて、怖くなると、ひたすら全自動の

武器を装備して、目に入るものすべてを狙って撃つわけです。

　怒りというものが時に殺害という行動を引き起こす。それはわかる。嫉妬とか、あらゆる感情が人びとを殺人に駆り立てる可能性というのは理解できるんです。そして、そうした感情を持った人間の衝動を止められない、ということもわかる。

　ただ、もし僕が何かに激昂したとしても、考えられないのが死刑なんです。死刑が犯罪抑止効果を持つとは思わない。それは報復でしかないのです。

　報復というものが行われているところもある。僕は中東の文化も勉強してきて、犯罪が起きて最も影響を受けるのは家族で、被告人の生殺与奪を被害者の家族が決めるという思想があることを知っている。僕にとってはね、政府が決めるより、よほど文明的だと思う。僕は政府というものを信頼していないから。僕は自分の国の政府も、あなたの国の政府も、いかなる政府も信じていない。彼らはしょせん人間だから、過ちを犯す余地がとても多いのです。死刑の審理においては、さっき話したような怒りの感情に法廷全体が包まれて、間違いを犯す余地がたくさんある。

　死刑というのは政治的なもの。まったく政治的なものなんです。「アメリカ国民の70％が死刑を『信じて』いる」というような言い方をすることがある。死刑支持者はそういう言い方をする。彼らは死刑を「信じて」いると。

　やれやれ。信じるという行為は宗教じゃないの、と。死刑というのは信念システムの問題じゃないんだ。僕が「死刑は効果的だ」と信じるかと訊かれれば、「うん、僕が誰かを殺せば、その人たちがほかの誰かを殺すことはなくなるだろうね」と。でも、それで気分がすっきりするだろうか？

　文明国は死刑を廃止すべきだというのが僕の考えです。

僕はかつて、仏式の葬式に定期的に参加したことがあるんです。死や因果応報という概念をすべて含んでるんですね。因果応報というのは、文明化とはまったく程遠いこと。
　文明国は、人の命を奪うということを許してはいけないのです。戦争であれ、死刑であれ、何であれね。それは、子どもの尻をたたきながら「暴力というのは問題を解決する有効な方法なんだ」と教えるようなもの。その子の過ちを正すのにうまい方法を考えて、「暴力がどんなにいけないことか」を示せれば、その子はきっと、何かを学ぶでしょう。

　ウォレス弁護士はこれまで、死刑に問える事件で26件、弁護を引き受けたという。

　ニコルズさんは、ほかの人たちとはまったく違うタイプでした。
　僕はタルサ（オクラホマ州の都市）で、殺人で有罪となった別々の2人を弁護したことがあります。このうちの1人は、バーで4人を撃ち、もう1人は銃を持って強盗し、狙った人たちを倉庫に並ばせ、後頭部を撃ったとして起訴されました。
　ほかにいくつもの殺人事件を担当しました。
　そうした被告人はみんな人間なのです。みんなね。でも、それぞれ環境が違った。で、殺人を犯したわけです。
　人生とは宝のようなもの。私が知っている、あるいは聞いたことのある慧眼の受刑者たちというのは、いわば、心の中の刑務所で生活していたのです。自分の世界に入る時というのは、キリスト教信者がいう「神に委ねよ」という状況だと思います。ほかの宗教では「瞑想」というのでしょうか、自身の心の奥底に入っていく時、殺人という選択をしてはいけないと悟るのでしょう。説明が難しいけどね。ニコルズさんの裁判では、彼のことを「悪人」だと言った証人はいませんでした。彼は常に、

あらゆる人に誠実だったのです。助けが必要だといえば、彼はその人のためにその場にいる。何か必要なことがあれば、そこにいる。彼は、168人を殺して起訴される犯人のイメージとはまったく異なる人物でした。

　アメリカでは、特定の死刑囚を指して「モンスター」と呼ぶことがある。

　彼は、モンスターとはおよそかけ離れた人です。僕の方がよっぽどモンスターだね、ニコルズさんに比べれば。僕の方がずっと危険人物ですよ、間違いなく（笑）。
　ニコルズさんという人は、物静かで、愛情深く、崇高で、思慮深い人物です。
　彼がそんな人かどうか、（連邦ビル爆破事件の起きた）1995年の時点では知りませんでした。彼と初めて会ったのは2000年のことです。
　でも、僕は、彼が刑務所内でどう変わったかを知っています。刑務所では、誰にも希望はあると僕は考えたい。誰もが、贖いや存在意義を見つけることができるとね。
　ニコルズさんが刑務所から出ることは、生涯ないでしょう。有罪判決を受けた行為や人びとの怒りのせいで、それに、ごめんね、彼に関する報道のせいで、残りの人生をそこで暮らす。世間の人びとと交わることは不可能でしょう。もし彼を一般社会に戻せば、誰かが彼を殺してしまうでしょう。
　彼は今後、常に孤独の中で生きていくのです。子どもたちに会えるのは、月に1度、1時間だけ。あとは、手紙を書いたり受け取ったりするだけ。私にとって、それは苦痛以外の何物でもない。死ぬことは苦痛か、といえば、さあ、どうだろう。いま、60歳のこの段階で、死ぬの

は怖くない。十分、生きてきたからね。
　でも、死を利用するのは怖いことだ。死の恐怖、というものを恐れるのです。死を政治的に利用することをね。
　ニコルズさんがひょっとしたら上訴するのかどうか、僕にはわかりません。恐れているのは、そのことです。もし上訴すれば、再び裁判を受けて、死刑の判決を受けることになるかもしれないから。ただ、彼はとても意志の強い人ですからね。

　ニコルズがウォレス弁護士に語った言葉で、印象的だったのはどんな言葉だったのか。

　最初に会った時か、2回目の時、彼は「どうして、アスピリンを200錠飲んでも死ねなかったんだろ」と訊いてきたんです。「いまは、死ぬべき時じゃないんじゃないかな。死にたいんなら、たぶん、そのために我々弁護団がここにいるんだよ。世間の人はみんな、起訴された君の行為に怒ってる。で、どうなる？　そのことはあとで考えようよ」と僕は答えました。
　ニコルズさんの宗教観は、ひどく保守的です。彼は、宗教的倫理観で物事を判断する人です。僕の宗教観はリベラルで、彼とは反対です。僕たちは2人とも、クリスチャンであることを公にしている。でも、ニコルズさんは、一定の様式で信仰しないと天国には行けない、地獄に堕ちる運命をたどると考える。僕は地獄なんてあるとは思っていません。

　ニコルズは、死刑判決を受ける覚悟ができていたということなのだろうか。

　ええ。彼はね、死ぬことを恐れてはいないんです。聖書を耽読してい

るから。自分が天国に行くと信じているんです。

　覚悟というのは、連邦ビル爆破事件に関与したことを認めていたから？

　犯した罪のためではありません。犯罪の後、彼が生まれ変わったからなんです。マクヴェイ氏はニコルズさんに、「爆破に加わらないなら、殺すぞ。お前の家族を全員、やっちまうからな」と話した。ニコルズさんの人生であの当時、そうした脅しが多大な影響を及ぼしたのは間違いない。でも、長年刑務所で暮らしているうちに、彼はそうした恐怖心というものがなくなったのです。
　僕は彼にこう言ったことがある。「いろんな意味で、君がうらやましいよ。僕なんか、完全に独りになれたことないもの。自分が何者かを悟ろうと、瞑想にふけったり祈ったりしても、独りきりにはなれない。でも、君はなれたじゃないか」と。
　南アフリカのマンデラ前大統領は、反アパルトヘイト運動で20年以上も投獄されたけど、釈放されると、愛に満ちた態度で出てきた。平和に満ちた態度で、平和をもたらすために。崇高な姿勢に到達した。これぞ高潔の道、と僕が考える段階に至った。自分自身を発見できる唯一の道とでもいいますか。

　ニコルズは再び死刑を免れた。「その結果に十分満足ですか」と私が尋ねると、ウォレス弁護士は軽くため息を漏らして言った。

　弁護士として、僕は、陪審員が評議を終えて出てきて、無罪だと言わない限り、満足したことはないんです。
　でも、今回のケースは不満ではありませんでした。むしろ、報道のす

ごさに驚いた。あらゆるメディアが報道するでしょ。陪審員も、選ばれた時にはすでに事件の概要を知ってるわけです。
　僕が考えていたのは、こちらの主張に耳を傾けてくれる陪審員がたぶん、1人はいるだろうと。実際は4、5人いたんです。ただ、もう、興奮しましたね。
　うれしかった。

　「終身刑」の評決が下った1週間後、ウォレス弁護士のもとに電話がかかってきた。陪審員の1人からだった。

　僕は彼に「あなたのことは誰にも言わないし、あなたが誰なのかを特定したりもしない」と言いました。でも、審理の最中は、その陪審員を見ていて、「ニコルズの死刑に1票を投じるだろうな」と想像していたんです。
　電話で彼は、こう訊くのです。「あんた、ウソをついたんじゃないだろうね」
　「私があなたにウソをついたって、どういう意味」
　「ニコルズは、本当に神を信じてるのかな」
　「もちろん。心の底から信じているよ」
　彼は実際、神を信じてたんです。子どもたちに手紙を書いたのも、刑務官と一緒に祈ったのも、誰かを騙すためなんかではない。純粋に信仰心からです。電話してきた陪審員も、同じように神を信じていたんだね。彼は気が沈んだ様子でした。
　「俺は死刑に同調しなかったんだ。本当のことを言ってほしい。オレにウソをついたのか？　騙したのかい？」
　「いいや、ウソなんか言ってないさ。騙してもないよ。ニコルズさんの本当の姿をお示ししようと努力しただけだよ」

そういう姿を示せば、救われるに値する命を救うことになる。ここにいるのは人間なのです。生涯、彼が刑務所から出られるかどうかにかかわらず、彼は孤独のうちに生きていくことでしょう。でも、彼の能力、文章力、思考力、子どもたちの存在、これら諸々のものがあるから、彼のこの命は救うに値する。奪うべき命じゃないんです。

陪審員が被告人側の弁護人と連絡を取るのは、許される行為なのだという。さらに驚いたことに、ウォレス弁護士の方でも、死刑に問える事件の裁判が終わると、陪審員への接触を図るのだそうだ。

陪審員全員の連絡先をつかむよう努力して、可能な限り、あれやこれやと話をします。彼らが一方ではこう考え、他方ではこう考えるというのを探り出すためにね。死刑を免れさせ、人の命を救うのに少しでも役に立とうと僕がやったことは正しかったのか、間違ってたのか。今後の参考になる。

でも、ニコルズさんのケースはあまりに特異だったので、それができなかったんです。彼らが僕と話してくれるとは思わなかった。

マクヴェイ氏のケースではね、彼の「死刑」に賛成した陪審員たちが毎年集まって、食事をともにしていると聞いています。一方、ニコルズさんの連邦裁判所での審理で陪審員を務めた人たちは、脅されたりもした。「爆弾を仕掛けるぞ」とね。陪審員の情報源から聞いた話です。彼女はニコルズさんの「死刑」の方につかなかった、その結果、死刑の評決がなされなかったから、殺すぞと脅された。マスコミの注目度がすごいから、僕かほかの弁護士と話し、役立つ話をしてもらうというのは、無理だろうと思ったんです。

被害者の家族が法廷から出てきて、こう言ったという。「テリー・ニ

4　死刑防御の達人

コルズが死刑でなきゃ、誰が死刑になるの？」

　で、僕は言ったんです。「そのとおり。ほかに誰がって？　誰もならないさ。死刑なんて廃止しよう。テリー・ニコルズじゃなくても、誰も死刑になる必要はない。人を殺すなんてことは、やめなきゃいけない」とね。
　文明国は、人を殺すべきではない。死刑にしたところで、何も解決しない。僕がそう考えるのは、たぶん、ずっと怒りを感じてきて、いまは心の平和を取り戻したからなんだと思います。自分が人びとの命を奪ってきたから、命を奪うというのがどういうことかわかる。死刑に反対するのは、自分が政府に殺されたくないからだろうと思うんです。

　　ウォレス弁護士の事務所には、ライフル銃が置かれていた。

　もし、僕がまた怒りに燃えて、さっきあなたに見せたそこのライフルを手に取って（笑）、相手に怒り狂って銃を向け、命を奪ったらどうでしょう。だから僕は、政府に理性的になってほしいのです。

　（終身刑という）孤独な状態で罰を与えれば、自省して学ぶ機会を与えることができる。（死刑にも終身刑にも）良し悪しがあるけれど、そういう刑罰（終身刑）から生まれるものもあるはずです。
　僕は危ない人たちの弁護も経験してきました。難しいもんですよ。1983年、ある高齢の男性の弁護をした時なんか、こう言われた。「もし陪審員がオレを死刑にしたら、お前を人質に取るからな」ってね。僕は警察官の方を振り向いて、こう言った。「もし僕を人質に取ったらどうなるか、この男に教えてやってよ」と。警官は銃を引き抜く格好をして、僕たちに向けて「おい、ほら、バーン！　こうやってさ、殺人を防

いで、声を聞くとヘドが出そうな長髪の弁護士を助けてやるさ」って。

　対照的に、ニコルズはこれまで弁護してきた中で一番「危険」とは程遠い人だったという。

　再犯の危険性がもっとも低い人でした。とてつもなく合理的で、思慮深くって、信心深い人です。
　彼はグリーティングカードを作ってくれてね。たくさんのカードを送ってくれたんです。（机の引き出しから取り出して）これ、みんな彼が自分で作ったんです。
　ニコルズさんは、消化器系の持病があって、繊維質を多く取る必要がある。で、刑務官がリンゴを余分に持ってきてくれた時なんか、ニコルズさんは感謝の気持ちをカードにして渡すんです。たいてい、カードには祈りの言葉が書かれていてね。
　これが1995年当時のテリー・ニコルズだろうか？　おそらく違う。その後いつかの時点で、ニコルズは変わったのです。（カードの1枚を示して）これは僕の家族にくれたクリスマスカード。彼は他人から親切にされると、誰に対してもお礼にありったけの創意工夫を凝らすんです。
　爆破事件で刑務所に入った当初、彼には先の尖ったものが認められなくて、ペンも鉛筆もダメだった。だから、ニコルズさんは歯磨き粉を使ったんです。緑と白と赤、3層の「クレスト（商品名）」だったと思うんだけど、それを注文してね。その3層の色を分けて、子どもたちとやり取りするためにカードを描いたんです。

　私はふと、疑問に思った。ニコルズはもともと物静かな人物だったのか。それとも、事件を境に変わったのか。

4　死刑防御の達人

僕はミシガンに3回行って、彼の家族や友人と話をしました。どこに行っても、彼がけんかしたとか、何か攻撃的な行動を取ったとか、狩猟にのめり込んだとか、そんな話は聞かなかった。彼はずっと、とっても平和な人だったんです。
　彼はミシガンで育ったから、周りの人たちといえば、狩りはするわ、銃は持ってるわ。
　法廷で証言してもらった1人は、ニコルズさんの家の向かいの酪農家だったんですが、ある日、牛の世話をしていて、背中を痛めた。すると、ニコルズさんは弟と朝4時に起きて、向かいの農場に行き、2時間、乳搾りをする。その農場で一日中、日没まで働く。その人の家にまで行って、また、家族の手伝いをする。ニコルズさんはそういう男なんです。
　義理の息子さんたちとも話しました。彼らが言うには、人生で唯一、安定していた時期は、ニコルズさんが彼らのお母さんと結婚していた時期だったと。母親はニコルズさんの子どもだけじゃなく、自分の子どもたちも置いて出ていったんです。ニコルズさんの方が奥さんよりもいい親だったからでしょう。彼女も、彼に託して大丈夫だとわかっていたんでしょう。彼は浮いたところがなく、浮気性でもなく、酒や薬物も嫌いで、保守的な人間だから。子どもたちにも、努力すれば成功につながるんだと話していた。読書の量もすごいんです。高校の時、ウォール・ストリート・ジャーナルを読み始め、投資を始めたんです。
　私が陪審の第2段階で紹介した手紙の中に、息子への手紙があります。「父さんの信じていたことは、全部間違っていた」。息子にそう書いたのです。「誰々に騙された」と書いたり、自分の反政府主義の愚かさにも触れています。以前、彼はカンザス州政府に行って、大統領、副大統領、上院議員、地元の郡保安官なんかの住所がズラッと並んだリストを手に入れて、彼らに手紙を出したことがあったんです。「国民とし

ての権利を返上する。私は今後、この国の国民ではない。この国がたどっている進路に抗議の意を表す」と書いてね。切手を逆さまに、つまり国旗を逆さまにして、「憂国」を表現した。独立戦争以降のアメリカの進路を嘆いたんです。大統領やほかの政府高官に手紙を宛てて、「自分は異邦人だ」って書いたんです。

　さて、今回の裁判で死刑を免れた、つまり「勝利」を手にしたのは、どんな法廷戦略が功を奏したのだろう。

　法廷での戦略ということで言えば、いままで話したように、ニコルズさんがどんな人であったかを話して理解してもらい、かつての彼を知る人たちに証言してもらうということでした。
　私は、刑務所で彼を監視した３人の刑務官に証言に立ってもらいました。
　その１人はこう証言しました。「彼は命の恩人です。私たちの結婚生活を救ってくれました。妻が出て行った後、私は自殺を考えるほど落ち込んでいました。８時間の勤務時間中、そばにいたのは彼だけでした。私は房の外から彼に話しかけ、彼は私のために祈ってくれました。『この前、ある人からこの手紙が送られてきたんだ。来週、オクラホマ・シティで結婚生活のセミナーがあるんだってさ。奥さんも連れていってみたら。さあ、一緒にお祈りしよう。静かに座って、神に祈ろう』って」
　ほかの刑務官の中には、ニコルズさんからもらったカードを「eBay（インターネットオークション）」で売ろうとした人もいました。けれど、その３人の刑務官はまだ現役なのに、勇気ある証言をしてくれました。

　弁護士生活、31年。１人だけ、死刑になった被告人がいた。オクラホマ州タルサのバーで強盗を働き、４人を銃殺した男だった。

自ら死刑を望んだんです。ある日、テレビを見ていたら、彼は「もうこれ以上、裁判で争う気はない。死ぬ覚悟はできてる。あの世に行くよ」と言ってた。牧師や母親の前で注射を受けて処刑されたんだけど、最後に「アメイジング・グレース（Amazing Grace）」を歌っていました。驚いた。それが、私が経験した、ただひとつの死刑です。

　死刑に問える26件の弁護で、残る25件は極刑から被告人を救った。たまたまであろうはずがない。

　「この人間は、生きながらえさせる価値のある人だ」ということを示す。すべてはそこに尽きます。ニコルズさんが人生で行ってきた善行に焦点を当てたのです。爆破事件の前と後で彼が行った、多くの善行にね。
　最終弁論で私が陪審員に話したのは、こういうことです。「これからお見せするのは……」と言って、写真を示したんです。ニコルズさんの幼少時の写真や、農場で撮ったものとか、メキシコ伝統のピニャタ（クリスマスや誕生パーティーでおもちゃやキャンディを詰めて吊るす物）を作っているところの写真をね。「彼は毎年、クリスマスになると、必ずしも自分の家族のためでなく、前妻の子どもたちが楽しめるようにピニャタを作ったんです」ってね。批判も受けましたけど。
　彼の前妻は保険の外交員だったんです。でも、彼は保険を売り込むということができなかった。保険を自分なりに勉強して、どの商品が一番得か、知っていたんです。「ガン保険って、ひどいな」。それを知って、売り込むなんてできなかったんですね。「これはよくない。ガン向けの保険を売って、人の金を取るなんてできない」と。思慮深い人なんです。ただ、その思慮深さというのが……。

僕とあなたはこうして議論して、考えを共有したりするでしょ。ニコルズさんはね、僕が話しかける、あるいは彼が話しかける、すると、沈思黙考するんですね。聖書を読んで、じっと物事を考える。自然体ということがない人なんです。そんな理由もあって、僕は彼を法廷で証言台に立たせられなかったんです。自然に過去を振り返って、答えるということができない人だから。考えて、祈りを捧げて、図式化しないとダメな人なんです。（図を描くように）「ここが＋、これが－、ほら、だから僕はこう考えるんだ」っていう具合にね。非常にきっちりした人です。融通が利かなくて。

　ニコルズが陳述をしなかったのは、彼自身が望まなかったのか。それとも、弁護団がさせなかったのか。もし、陳述していたら、やはり、不利に働いていたのだろうか。

　望まなかったし、させなかった。両方です。（2004年）8月9日には機会があるはずです。裁判がすべて終われば、事件について思うところを語る機会があるでしょう。どんな経緯で彼がああいう行動を取ったのか、自叙伝を書いて説明する。いつかそんな日が来ると思いますね。
　陪審の第2段階で陳述していたら、非常に不利だったでしょうね。

　世間の人びとに嫌悪感を与える？

　怒り、でしょうね。

　陪審員に、ではなく、一般大衆にも？

　そう。大衆がマクヴェイ氏に非常な怒りを感じたのは、口を慎まな

かったからです。ご存知のように、彼は自己弁護に終始したからです。

マクヴェイは湾岸戦争に出征し、アメリカ政府への憎悪から、連邦ビル爆破事件を起こした。犠牲となった19人の子どもたちについてマクヴェイが語ったのは、軍事的行動で一般市民が巻き添えとなる「付随的犠牲(collateral damage)」という思想からだと、ウォレス弁護士は言う。

付随的犠牲というのは、ベトナムで使われた言葉で、私も戦地で多くの子どもが死んでいくのを目の当たりにしました。それが戦争というものです。私は付随的犠牲というのがどんなものか理解しているけど、大衆にとってはあまりに野卑で、むごい感じがして、まるでマクヴェイ氏が命というものに無関心であるかのような、残忍な印象を与えるのです。
僕はどんな形でも、マクヴェイ氏の弁護ができたらよかったのにと思う。結果はやはり、死刑になっていたでしょうけど、彼の言いたいことを話させてやれたのに。そう思うんです。

ウォレス弁護士は、ニコルズが最初に「仮釈放なしの終身刑」という判決を受けた連邦裁判所での審理にはかかわっておらず、オクラホマ州の地方裁判所で初めて、彼の弁護を引き受けた。

オクラホマ州はニコルズさんの裁判費用を援助する資金を持っていたんですが、1999年のトルネード（竜巻）で大きな被害が出て、そちらに資金が回されたのです。
ニコルズさんは資金援助が受けられなくなった。彼はオクラホマ州最高裁に手紙を出し、「私の人生はオークションじゃない」と訴えたのです。首席裁判官が、主任弁護人のハーマンソンさんのところに行き、ニ

コルズさんにはもう1人、弁護人が必要だろうと話した。ハーマンソンさんはそれまで、死刑相当事件の弁護を1回しか担当したことがなかったから。それで、ハーマンソンさんが僕のところに「やってくれないか」と頼んできたのです。

　ある裁判で僕は、8時間の仕事で約30万ドル（約3,000万円）の報酬を手にしたことがあるけど、ニコルズさんのケースでは時給67ドル（約6,700円）。多くの経費がかかりました。

　検察当局が連邦裁判所で死刑の判決を得られず、今度は州の地裁に起訴したことは、同じ罪には二度と問えない「一事不再理」の原則に反する、という議論もあった。が、連邦最高裁は「連邦政府と州政府の権限は別個だから、別々に訴追できる」との判断を示している。連邦ビル爆破事件で娘を失い、かつ死刑制度に反対しているバド・ウェルチさんは、「カネの無駄だ」と批判した。

　検察があだ討ちを狙って起こした裁判にすぎないんですから、とてつもなく、カネの無駄です。受け取った報酬、喜んで全額お返ししますよ。連邦最高裁の判断にも同意できませんね。言わんとするところは理解できますよ。でも、一事不再理の原則が適用されるべきだと思います。いったん陪審員や裁判官が事実認定し、結論が出ている。もう一度裁判をやるべきだとは思いません。

　検察は「連邦裁判所で陪審員が死刑にすべきだったのに、しなかった」、そう考えているんです。だから、ここオクラホマで死刑にしようと。その理屈は理解できますが、僕にはこじつけにしか思えません。

　アメリカの陪審にさほど詳しくはない私は、ニコルズのケースについて、いくつかの質問を具体的にぶつけた。まず1点目は、弁護団の1人

が「ニコルズは爆破事件の『主犯』ではなかった」と主張したことだ。ということは、ニコルズが無罪だとは考えていなかったということなのか。

　彼女がそう言ったのは、陪審の第2段階です。2つの段階があったわけですね。彼女がそう言ったのは、陪審員がニコルズさんを「有罪」と評決した後です。彼女の発言は、刑の減軽を主張する中で行われたものです。
　彼女は僕が人生で出会った最も聡明な弁護士です。第2段階で彼女は、「検察側はこの事件の主犯を特定していない」と主張したんです。検察側は、ニコルズさんが爆弾の原材料を買うのを手伝ったことは立証したのでしょうが、彼が爆弾を製造したとまでは立証しませんでした。爆弾がどこに運ばれ、どこに仕掛けられるか知っていた、ということも立証していません。
　死刑相当事件の第2段階ではまず、「刑の加重」が焦点となるんです。加重の要素がないとなれば、減軽です。私が主張したのはそこだったのです。たとえ加重の要素があると判断されても、もしこの人に「善」の部分を十分に見て取れたなら、死刑にすべきではないと。
　でも、検察側は加重の要素を挙げてきました。法廷に立つ弁護士として我々は、その点を論破しなければならない。
　数か月といった短期の行動に焦点を当てて、つまり、彼が誤った判断をした一時期の行動を根拠に、彼の残りの人生を決めてしまってはいけない。彼という全人格を見て判断すべきなのです。

　第1段階で弁護団は、ニコルズが爆破事件にまったく関与していないと主張していた。

そうです。

死刑相当事件では、陪審の第1段階、つまり有罪か否かを決定する段階を担当する弁護士と、第2段階の弁護士が同じではないというのはよくあることです。

僕は第1段階では「敗色濃厚」とみて、ほかの弁護士にメールを送ったんです。

「第1段階はあなたたちに任せて、僕は第2段階に専念すべきだ」と。そうすれば、陪審員たちは僕に悪い心証を持たないから。第1段階に関わってないわけですから。

案の定、陪審員は有罪を即決しました。弁護団が第1段階で主張したことを信じなかった。

結果的に、僕が立てた戦略はうまくいった。僕が第1段階の最終弁論をしなかったから、陪審員は僕のことをよく知らなかったわけでね。第1段階では反対尋問で何人かの証人を申請しただけで、陪審員に語りかけるということをしなかったから。第2段階というのは、まったく一からの裁判なんですね。さあ、そこで僕の出番。僕の主張を陪審員にぶつける。（主任弁護人の）ハーマンソンさんに比べて、僕はある程度、「クリーン」なわけです。陪審員はハーマンソンさんの言うことを信じなかったわけだから。

ようやく、「戦略」の一部が聞けた気がした。

ところで、アメリカの陪審では、陪審員の候補者に対し、検察側、弁護側双方と裁判官が質問を投げかけ、不適格と判断した人を拒否することができる。

地元紙によると、オクラホマ州におけるニコルズの裁判ではまず、運転免許証保有者のリストから1,000人が抽出された。このうち、70歳以上の人、殺人などの重罪で前科がある人、警察官や弁護士らが除外さ

4 死刑防御の達人

れ、357人が候補者として残った[1]。

　招集された候補者の中には、自ら「陪審員を務めることができない」と表明した人たちも少なくなかった。重大事件だけに、裁判は当初、4〜6か月かかるとも予想されていたが、雇用主から「2か月分の給料しか払えない」と言われていたり、ニコルズについて「彼は有罪だ」と、審理の前から決めつけたりしていた場合などだ。昼休みに外で酒を飲み、酔って逮捕された人もいた[2]。

　一方、死刑反対の立場の人や、爆破事件の直後、現場で救護や捜索に当たった赤十字社のスタッフ、州兵なども、思想的、感情的に中立でいられない可能性があり、外された[3]。

　選考の質疑は9日間にわたって行われ、男女6人ずつ、計12人の陪審員と、6人の予備陪審員が決まった[4]。

　ニコルズに有利な陪審員を見つけ出すため、弁護団はどんな質問を繰り出したのだろう。

　裁判官によく質問を遮られましたけどね（笑）。自由回答式の質問をすれば、候補者がどんな人かが明らかになります。たとえば「最愛の人を亡くしたことがありますか。亡くなった時、その場にいましたか。どんな思いでしたか」と訊きました。イエスかノーかの二者択一で答えられる質問ではなく、感情を共有し、候補者の心の動きを現実に即して評価できるような質問を心がけたのです。

　検事や裁判官の質問は、たいていイエスかノーで答えるものばかり。偏見があるかどうか、はっきりさせるためでしょう。一方、我々の狙いは、心の底にある感情を表現してもらうことだったのです。

　こうして決まった陪審員の中には、「よく残ってくれた」と、ウォレス弁護士を驚かせた2人が含まれていた。

２人ともカトリックの信者でした。
 カトリック教会は「死刑反対」。このうち１人は死刑について訊かれ、こう答えた。「死刑に反対しませんが、（賛成すれば）神父さんに二度と合わす顔がありません」。そう答えた候補者を陪審員に残したんですよ。びっくりしました。もう１人はこう言いました。「死刑に反対ではないけど、自分でやれるとは思わない」とね。その人も残った。びっくりしました。

 そして、意外で、かつ綿密な作戦を明かしてくれた。

 我々は、何人かの弁護士のほかに、ハリウッドでプロデューサー兼ディレクターをしている陪審員選びの専門家を迎えたのです。彼はその分野で博士号を持ってるんです。
 候補者に質問をしている最中、彼は傍聴席の後方に座って、やり取りをメモする。我々は毎晩、事務所に戻ると、じっくり２〜３時間話し合う。「この候補者、どう思う？」とね。１点から７点で採点して。実際は１点の人も７点の人もいなくて、その間の点数だったんだけどね。そこから見つけ出そうとしたのは、誰が我々にとってベストの陪審員かということ。ニコルズさんはとても宗教的な人ですから、陪審員も単に信者だと明言した人でなく、彼と同じ系統だと思う人を求めていたんです。
 陪審員選びのコンサルタントを雇ったのは今回が初めてでした。それまでの死刑相当事件では、雇うだけの資金が与えられなかったから。私の事務所のこの部屋で、弁護団にコンサルを雇うよう頼み、予算をもらったのです。素晴らしいコンサルを得ることができました。

このコンサルタントは、2002年にアメリカで起きた連続殺傷事件で狙撃犯として起訴されたジョン・ムハンマドの事件も引き受けた。

　彼は、コネティカットで別の裁判を終えたばっかりで、きのう、メールをくれたんです。「担当した死刑相当事件で、終身刑を勝ち取ったよ」と。彼は僕と同い年、60歳。弁護団は陪審員選考の期間中、僕ら2人をホテルの同じ部屋で生活させました。「男のルームメイトなんて、18歳の時以来だよ」って、僕は言ったんだけど。気が合うことはみんなよく知ってたからね。考え方もとてもよく似ていた。「死刑は野蛮で、司法制度の中で存置させるべきではない」と。
　彼が以前、陪審員選びに関する半日セミナーをオクラホマ大学で開いた時、弁護団の1人が参加していて、話を聴いたんです。彼の手法がいかに斬新で効果的かを知った。本当にラッキーでした。会計担当の弁護士2人も感銘を受けて、彼を雇う資金をくれた。彼も、まあ、僕と似たところがあってね。死刑には絶対反対で、報酬もおまけしてくれた。ニコルズさんの陪審に参加して、彼の「正義」を実現させるためにね。

　死刑反対論者は陪審員になれず、肯定の立場の候補者だけが選ばれる。この原則は「death qualification（死刑相当事件の陪審員としての適格性）」と呼ばれる。それはそれで不公平なように、私には思える。

　そうですね。
　裁判官らは「（死刑と終身刑の）両方の刑を考えられますか」と訊くわけです。もし「いいえ」と答えれば……我々は陪審員をたくさん失いましたよ。「いいえ、死刑を支持するだけじゃなくて、被告人が有罪となれば、死刑を選択するでしょう。終身刑は考えられません。死刑以外にありえません」。我々の立場からは、そんなふうに答えた多くの候補

者を除外しました。

　ニコルズは終身刑の評決を受けたとき、その刑についてどう感じたのだろう。

　ニコルズさんはね、物事をそういうふうには考えない人なんです。彼の「精神性」ゆえにね。僕は精神性という言葉を、宗教性とは別の意味で敢えて使いたい。もちろん教会には行けないけど、聖書をよく読んで、宗教に関する書物も何冊か読んでいる。彼が「刑」について考えているとは思わないんです。彼は自分を高めるため、家族や友人のために何ができるかということを考えている。彼がかかわったことに対する償いのためにね。ある意味で彼は自由なわけだけど、運命を受け容れている。担当の刑務官と交流を続けていくだろうし、祈りを捧げる仲間たちに手紙も書き続けるでしょう。
　彼が死刑になってほしいと願う人たちから、これまで以上に手紙も来るでしょう。そうあってほしい。ニコルズさんが処刑されることで「区切り（closure）」をつけたいという思いなのでしょうが、テリー・ニコルズがどこにいるのかを知ることで区切りをつけることができると思う。もし彼らが……平和を見いだしたいのならね。
　僕は裁判で、証人たちが「殺したい」と言った時、陪審員にこう話したんです。「ニコルズさんは彼らの愛する人を彼らの人生から奪い去った。愛し、深く慈しんだ人が、それはそれは無残に奪い去られた。でも、彼らは失った大事な存在をいまだ、愛で置き換えてはいない。愛は永遠に続くもので、再び人生に戻ってくるものだという考えが、どこかに行ったままなのだ。愛は与えるもので、奪うものではない。でも、彼らは怒りに置き換えている。復讐心に置き換えている。それはまったく正常なことかもしれない。いや、つまり、心理学的には正常なことだ。

4　死刑防御の達人

でも、彼らが何とかして愛を人生に取り戻すことができたら、多大な幸福をもたらすと思う。怒りにしがみつき、復讐を望む限り……復讐は誰の救いにもならないのです」

陪審員には、愛を選ぶべきだと話したのです。その境地までたどり着いて、見つけるべきだと。僕には達することのできない境地。人間は皆、内なる世界を持っている。あなた方は僕が行けない、あなただけがたどり着ける内面がある。あなたの人間性、内面が反映される結論がある、とね。僕はそこへ陪審員たちをいざなったのです。この裁判で彼らが選ぶべき結論にね。

この裁判は、頭で考えても結論が出ない。怒りによっても決断できない。魂の部分で判断すべき事件だったのです。ある見地から彼を見て、「私は彼を処刑すべきなのか」どうかを決めなければならなかったのです。

では、ニコルズが悔悟の情、あるいは被害者とその家族への思いを口にしたことはあるのか。

裁判の間、新聞はニコルズさんがじっと下を向いたままだと報道しました。

ニコルズさんはね、祈っていたんです。目を閉じて、被害者一人ひとりのために祈っていたんです。それが彼の思いです。僕も似た思いでした。彼はそれを口に出して言ったことはないけど、抽象的な言い方をすれば、祈りです。

僕が依頼者に会って最初に言うのは、「あなたがどんな行いをしたのかはどうでもいい。無実かどうかは話さなくていいからね。それは第三者が決めることだ。ただ、僕の質問に答えてくれればいいから」と。私は法廷で、とくに被害者や家族が証言していた時は、彼をすぐそばで観

ていたからわかるんです。彼の思いというのを直接訊いたことはなくてもね。

　陪審で量刑を決める第2段階で、最大の争点は「事件当時の行いだけで裁くべきか、それとも、いまこの時点の被告人の態度をも考慮すべきか」ということだった。
　弁護団は、ニコルズが刑務所の中で聖書を擦り切れるまで読み、「完全に人が変わった」と強調した。対する検察側は、裁判で有利に働くのを知って「転向」したのだと主張した。ウォレス弁護士は法廷で陪審員に語りかけた言葉を再現してみせた。

　みなさんは2004年の年末のテリー・ニコルズの運命を決めるんですからね。いま、まさにここにいるのが、あなた方が扱うべきテリー・ニコルズです。私の隣にいる、これが、検察があなたたちに死刑を求めている男です。（事件のあった）1995年でもなく、離婚した1988年でもなく、再婚した1990年でもなく、彼はいま、すぐそこに座っているのです。
　これこそ、あなた方がいざ、判断を下すべき被告人です。なぜなら人はみな、変わるからです。僕は大学時代の僕ではありません。いまのその人を見て判断すべきでしょう。それはどんな場合にもあてはまるのです。

　かつて僕の担当した被告人が処刑された理由は、4人を殺害したことよりも、腕に（ナチスドイツの）かぎ十字の刺青をしていたからだと思うのです。彼は刑務所にいて、審理を待つ間も、凶器を持っていて何度も再逮捕されました。人種差別主義者で、常に危険人物だったわけです。処刑されたのは、一度犯した罪のせいではなく、常に脅威を与える

存在だったからです。危険な人物というのは、再び、社会にとって脅威となる人物です。オクラホマ州にはいくつかの刑の加重要件がありますが、たいてい、1つに集約されます。「この被告人は大衆にとって危険な存在となりうるか」

テリー・ニコルズは一度も、危険人物だったことはないのです。

ウォレス弁護士の話は理路整然としている。私は敢えて、こう訊いてみた。「あなたはそんなことはないでしょうけど、『もし、自分の妻が殺されたら、犯人を殺すかもしれない』という人がいます」

僕の倫理的、精神的な死刑反対論を誤解しないでね。

もし、あなたが僕の妻を殺したとする。あなたは法廷に立つ前に、僕の中にある怒りというものに気づくでしょう。僕が殺してしまう可能性も十分にある。被害者や家族が感じるあらゆる危険とか、怒りというものは理解できます。僕も同じような感情を抱き、同じようなことをしたかもしれない。

でも、我々が議論しているのは、復讐や特定の部族の倫理観ではなく、文明化ということなんです。人間が原始的な部族（の制度）を乗りこえて、進歩できるかということを議論しているのです。無知蒙昧な部族は、お互いの物を盗み合ったり、殺し合ったり、レイプし合ったりしてはいけないことを学ばなきゃいけなかった。人間というのは、もともとけだものとしてスタートしたわけです。でも、文明化という段階に到達したのだから、我々は神のような存在へと変わっていくんです。できることならね。そういう目標に向かって進化を遂げつつあるならば、さっき言ったようなことをしないように、法律を変えなきゃいけない。でも、殺害という行為が、あまりに美化されすぎていますね。

CNNをつければ、人びとがイラクで殺されるシーンを目にする。首

を刎ねられるところを映すなんて、許されるべきじゃない。それは美化にほかならない。僕は戦争で人を撃ち殺しました。いろんな方法でね。爆弾も落とした。もう、そういうのを見たくないんだ。エンターテインメントじゃないんだからね。大衆はそういうものにさらされるべきじゃないんです。でも、我々は殺害をエンターテインメントの具にしている。

　ウォレス弁護士がマクヴェイの弁護をしていたら……。

　誰が弁護しても、マクヴェイ氏は死刑になったでしょう。でも、彼に関する本によれば、彼らは事件の必然性に関する弁論をしたかったと。僕が考えるに、必然性というのは、政府はすごい権力を持っていて、手ごわくて、彼も政府を恐れていたから、事件を起こして世間の注目を浴びなければならなかった。そういうことでしょう。政府がウェイコで（ブランチ・ダヴィディアンズの制圧を）行ったこととか、諸々のことがあったから、彼は主張を表明する必要があった。
　僕は彼についての本を読みました。ニコルズさんを理解し、弁護するのに、マクヴェイ氏を理解するのは重要なことだったから。彼の物語に共感はしなかったけど、マクヴェイ氏がそれを語ることは許されるべきだった。

　僕も戦争に行って、復員して、彼とは正反対の道を歩んだ。マクヴェイ氏は感情を政府への憎悪に転化した。僕は反政府主義となった。でも、僕の場合は自身にガソリンを注いで火を放つ、そんな形のものだった。もう、他人を殺すなんてできません。変だけど、ある種、彼とは同じジレンマを感じました。似たような経験をして、まったく正反対のリアクションを取った。もし、彼が自身のストーリーを語ることができて

たら、たぶん、いくらかは彼の行動も理解されたはずです。

　死刑を科すには、12人の陪審員が全員一致でなければならない。ウォレス弁護士は初めから、「1人を説得できれば十分」と考えていた。

　事件が大々的に報道されていましたから、12人の陪審員全員を説得できないことはわかっていたんです。陪審の第2段階で1人でも死刑に反対して、評決不能となれば、ニコルズさんを死刑にはできませんからね。僕の弁論によって、終身刑に1票を投じる人をほんの1人、こちらにつけることができればいいんだと。先ほど話したように、僕はニコルズという人間について語った。彼らは自身の魂の声を聴いて、独自の判断を下した。物事を決める集合体としてではなく、一個の人間としての決断をね。人間としての、一個人としての責務だったのです。12人の陪審員が全員一致でなければならないわけだから、僕は1人を狙い撃ちしたのです。結果的に、僕の考えに賛同してくれた陪審員が4〜5人いたことを知って、興奮しました。多くの人びとを処刑してきた、国内で2番目に執行数の多いこの州でね。

　もしも、宗教心のある陪審員を獲得できなかったら……。

　死刑。間違いなし。
　2人のカトリック教徒、それにもう1人いたんです。電話をくれた陪審員の話では、そこが陪審員の間でも焦点となったというんです。処刑すべきかどうかという、宗教的な議論ですね。「宗教」という言葉は好きじゃない。精神性ですね。これこそ、陪審員自身が心の声を聴き始めた当初に見つけたものだと思うんです。電話をくれた陪審員は、教会に通ってはいなかった。教会に定期的に行く人ではない。でも、彼は確か

に神を信じていた。物事には正邪があると、固く信じていました。

　私には、陪審員の選定が、いや、評決そのものが、ギャンブルのように思えてきた。

　僕が陪審員候補者にできなかった質問、つまり、裁判官に許されなかった質問の中に、「死んだらどうなると思いますか」というのがありました。人の命を奪うかどうかを決める時に、最も重要なのは、こういう問いかけだと思うんです。「この世の人びとは、死んだらどうなると思いますか？　天国に召される？　地獄に堕ちる？　それとも天国も地獄も存在しなくて塵となるのか、いや、霊魂に再び肉体が与えられて生まれ変わるのか。死後の世界にも刑罰というのはあるんでしょうか、それとも、そんなことはどうでもいいですか？」
　この一番大事な質問が許されなかったのは、評決に影響を与える質問だからです。たぶん、訊かなくて正解。質問してたら、僕が望まないような答えが出てきたかもしれないし（笑）。

　最後に訊ねた。アメリカでは将来、死刑が廃止されると思いますか。

　思います。死刑反対論者の方が説得力があって、熱心だからね。死刑賛成派は、一般的に言って、あまり活動に参加しません。
　僕が知ってるタルサの検事正は、死刑を求刑する前に必ず祈りを捧げて、長時間、真剣に刑について考えを巡らすんです。彼は死刑に賛成ではないけど、事件によっては死刑が相当で、執行されなければならないという考えなのです。死刑を肯定しなければ検事正を長く続けられないことを知っている。陪審員も市民も死刑に賛成ですからね。検事正としては、死刑を肯定せざるをえないわけです。でも、彼はとても慎重な人

なんです。
　死刑制度について物申す人というのは、たいてい、死刑について何も知らない場合が多い。我々は常日ごろ、死刑の問題を扱い、死刑に立ち会い、死刑に処されるかもしれない人たちと向き合っているから、こちらの方が強いし、正しいのだから勝つでしょう。
　死刑とは、生涯闘っていきますよ。僕が生きているうちに廃止されると思う。文明化された国のほとんどは、死刑制度を存置していないんです。自分たちが正しい、絶対に正しいと疑わず、究極の手段を取るのは原理主義者です。心を閉ざした人たちです。
　僕は、死刑推進派のどんな議論でも耳を傾けますよ。でも、僕を説得できるとは思わないけどね。
　檻の中にいる人を殺すという行為。それが議論の主題ですよね。檻の中の人間を殺す。すでに檻の中にいる人を。自由を失い、社会から隔絶されるという罰をすでに受けている人の命を奪うことに、道理はありませんから。

　2004年8月9日、第1級謀殺（first degree murder）罪で「仮釈放なしの終身刑」の判決を裁判官から言い渡されたニコルズは、ウォレス弁護士が語ったとおり、州裁判所の法廷で長い声明を読み上げた。
　「とても多くの方たちが耐え、被り続けてきた心の痛みに対し、私が何年もの間抱いてきた悲しみは、言葉では言い尽くせません。起こった事件について、誠に申し訳なく思っています」
　「最後にひとつ。州が私に対して死刑を求めていたのに、陪審員の意見が分かれた。そのことを正当化するために、大勢の人がいろんな言い訳や理由を並べ立てました。私の言うことに賛同しない人が多いでしょうが、真実は……、死刑とならなかった理由は単純で、非常に明快です。神が支配しているからです。この裁判は初日から、神の手によって

導かれてきた。ほかに説明はありません」**5**

　結局、ニコルズは上訴しなかった。２度目の終身刑を受け入れ、コロラド州にある最高度警備の連邦刑務所に再び収容された**6**。死ぬ前にそこから出ることはもう、まずありえない。

　オクラホマの地元紙「デイリー・オクラホマン（The Daily Oklahoman）」は、2005年１月４日付の紙面で、「タルサ・ワールド(Tulsa World)」、AP通信とともに情報公開請求していたニコルズの弁護費用について報じた。それによると、1999年以降、オクラホマ郡裁判所の基金から420万ドル（約４億2,000万円）余りが支出された。基金は、裁判所に納付された罰金や没収された保釈保証金などが原資となっている。

　裁判所が承認した費用の中には、弁護団がニコルズに読ませたマクヴェイの伝記『アメリカン・テロリスト』の書籍代28ドル５セント（約2,800円）も含まれていた**7**。

 1　The Daily Oklahoman, 2004年２月24日付。
 2　The Daily Oklahoman, 2004年３月２日付。
 3　Tulsa World, 2004年３月３日付。The Daily Oklahoman, 同年３月９日付。
 4　Tulsa World, 2004年３月12日付。The Daily Oklahoman, 同日付。
 5　The Daily Oklahoman, 2004年８月10日付。
 6　The Daily Oklahoman, 2004年８月25日付。
 7　The Daily Oklahoman, 2005年１月４日付。

5 論客：反対派 vs 賛成派

　テネシー州ナッシュビルは、1925年からカントリーミュージックを電波に乗せ、アメリカ最長の歴史を誇るラジオショー「グランド・オール・オプリー（Grand Ole Opry）」の里として知られる。
　ショーが公開される大ホールに程近い「ゲイロード・オプリーランド・リゾート＆コンベンションセンター」。甲子園球場4個分の敷地には、総客室数2,800を超える豪華なホテル、室内植物園や人工の滝、中庭広場、ショッピング街のほか、これら各所を舟で巡る水路もある。
　大勢のリゾート客のにぎわいをよそに、コンベンションセンターでは、2003年8月9日からアメリカ矯正協会（ACA）の第133回大会が始まった。保安・警備、受刑者に対する処遇、医療、再犯防止や社会復帰支援など、「刑務所」を取り巻くさまざまな問題について、行政やNGOの担当者、学者らが発表を行い、意見を交わした。3日目の11日には、「ウォーターゲート事件」の調査報道でニクソン大統領を辞任に追い込んだワシントンポスト記者、ボブ・ウッドワードの講演もあった。
　そして、最終日14日の閉幕総会。
　死刑をテーマに、論客2人が「激論（Crossfire）」と銘打って、それぞれの持論を展開した。ACAが招いたのは、死刑反対派のリチャード・ディーター（Richard Dieter）氏と、賛成派のジョン・マクアダムズ（John McAdams）氏。

大会プログラムの紹介によると、ディーター氏はニューヨーク生まれの弁護士で、1992年からNPO・死刑情報センター（DPIC、ワシントン）の代表を務めている。DPICは、一般とマスコミ向けに死刑に関する情報と分析を提供しているほか、詳細な報告書やプレスリリースを発行し、死刑問題に取り組んでいるジャーナリストらを対象に説明会も開いている。

　マクアダムズ氏はマーケット大（ウィスコンシン州ミルウォーキー）政治学部の准教授で、死刑に関する論文を学術誌に発表してきた。「犯罪抑止効果がないとしても、死刑を支持する。しかし、死刑を執行することで殺人の発生は抑止され、その刑は公正かつ実用的であり、最も極悪な犯罪に対しては、死刑より軽い罰では済まされない」というのが彼の主張だという。

　ACAの大会に、私は取材目的で訪れたのではなく、大学院生として傍聴した。当時はまだ、アメリカの死刑について執筆しようという確たる考えはなく、両氏の「激論」も、後学のために録音していたにすぎない。

　しかし、両氏の基調講演と質疑応答には、賛否両派の代表的な見解、主張、それに弱点が凝縮されていただけでなく、死刑の実情、制度の問題点と矛盾が散りばめられていた。ほんの1時間半、両氏の言葉に耳を傾けただけなのに、私はまるで何冊もの専門書を一気に読んだような知識と刺激を与えられ、贅沢な気分を味わった。

　両氏の承諾を得て、登場順に講演の内容を載録する。まずは、ディーター氏から。

　アメリカ矯正協会のお招きにあずかり、この大会でお話しさせていただけることに感謝したいと思います。この機会を光栄に思っています。矯正協会の会員を前にして、死刑に異議を唱えるなんて、厄介な役目だ

なあと勘違いされる方もいるかもしれません。しかし、私は、この国の矯正施設における受刑者の処遇に関して、アメリカ矯正協会が誇る長き伝統を認識しています。

　そうした伝統において、矯正とは社会への貢献、被収容者を含む社会の構成員に対する貢献を目的としています。死刑というのは、その過程における失敗を表しています。つまり、一部の人に対しては、改心とか敬意といった概念に基づく矯正というものを諦めざるをえない。死刑とは公にそう認めることなのです。そうした人たちは、死刑という窮極の手段が必然的に伴うあらゆる結果とともに、人間社会から永久に追放し、人生に終止符を打たなければならないのだと。

　矯正の世界の伝統というものは、それとはまったく異なったものだと私には感じられます。それは、アメリカ矯正協会の創立時に掲げられた理念の前文に書かれています。

　「社会による犯罪者の処遇は、社会を守るためのものである。しかし、そうした処遇は、犯罪に対してではなく、犯罪者を対象とするのであるから、主な目的は犯罪者の倫理観の再生であるべきだ。国家は受刑者の処罰に際しても、また、更生に際しても、受刑者に対する包括的な任務を果たしてこなかった。国家というものは、犯罪者を向上させつつ、支援するというさらなる任務を負っているのだ」

　死刑とは、そうした取り組みの対極にあるものです。人が処刑されてしまえば、もはや「向上させる」ことも「支援する」こともできません。死刑は矯正制度の一環ではありません。はるかに政治的な制度の一環であると、私は申し上げたいのです。

　多くの人が「死刑は必要だ」と考えていることは、私もよく認識しています。つまり、「犯罪者の中にはとても残忍で、危険で、矯正不能な人がいる。だから、処刑することが唯一の対処法だ」という考えですね。私たちが死刑を受けさせるのは、どんな人たちなのでしょうか。そうし

た人たちは本当に「残忍極まりなく（worst of the worst）」、今日の行刑制度に置かれているほかの人に比べてずっと脅威で、管理不能なのでしょうか。そうした主張を支える根拠はまったくありません。

　この国では実に多くの殺人が起きていますが、死刑というのは、そうした問題に対処するために編み出されたわけではありません。殺人を犯す人のうち、死刑判決を受けるのは相対的にごく少数で、実際に処刑されるのはさらに少なく、1％をはるかに下回るのです。この中に選ばれるのは、どんな人なのでしょうか。

　まず、死刑を受ける確率は、黒人を殺した人よりも、白人を殺した人の方がはるかに高いということです。アメリカにおける殺人の50％は、黒人が被害者であるにもかかわらず、この国で執行される死刑のうち、80％以上は被害者が白人の場合です。黒人である被害者の命が奪われた場合、死刑に値しないのはどうしてなのでしょう。いくつもの研究がなされ、その多くは（国内外の政策を分析する）アメリカ会計検査院の評価も受けていますが、結論は一致しています。どんな人が死刑を受けるのかについては、被害者の人種が決定的な要素となっている、ということです。

　そのことは、社会に何を物語るのでしょうか。それはつまり、死刑に関して言えば、白人の命の方が、黒人の命よりも貴いということです。死刑が執行されるのは、必ずしも極悪な犯罪者とは限らないのです。人種が生死を決する。そんな制度の下で、私たちはいかなる人も処刑すべきではないのです。

　生死を決める上でもうひとつ、重要な役割を果たす要素は、地域差です。私たちの制度では、特定の事件で死刑を求刑するかどうかについて、管轄地域の検事が決めます。死刑に問える殺人ならほぼ毎回、死刑を求める検事もいれば、決して求めない検事もいます。地域による違いを確認するには、テキサス州のヒューストンとオースティン、あるい

は、フィラデルフィアとピッツバーグ（ともにペンシルベニア州）を比べるだけでいい。通りを挟んだ両地域のどちらで事件を起こすか。それによって、死刑を受けるどうかに重大な差が出るのです。

　地域差には、ほかの影響もあります。死刑はアメリカのどこで執行されているのでしょうか。20世紀の初め、ニューヨーク州は代表的な死刑の州で、死刑はこの国のあらゆる地域で行われていました。今日では、4つの地域（北東部、中西部、西部、南部）のうち、全体の90％近くが1つの地域で執行されています。南部です。今年（2003年）は半数以上がたった2つの州で執行されています。テキサスとオクラホマです。死刑というのは、最も悪名高い犯罪者だけが選ばれる国家的現象ではありません。そうではなく、ほとんど南部限定で実行されているのです。恣意的で、死刑容認派にとっても受け入れ難い制度なのです。

　こんな疑問を持つ方がいるかもしれませんね。「南部ではそんなに死刑を執行して、どんな状況になっているの」と。死刑になるリスクとか、死刑による地域区分とか、膨大なコストを考えると、少なくとも、死刑を用いる地域はより安全になるのだろうと、想像されるかもしれません。しかし、統計を見ますと、事実は逆なのです。南部は常に、国内で最も殺人発生率の高い地域なのです。去年（2002年）、全国平均の殺人発生率を上回ったのは南部だけでした。

　殺人の防止に関して言えば、死刑を用いない州の方が、はるかにうまくいっています。死刑が復活した1976年以降、北東部で執行された死刑は、国全体の1％未満です。ところが、北東部の殺人発生率はずっと、4地域の中で最低なのです。そして、死刑を執行している州と、死刑のない州との殺人発生率の格差は、過去10年間で広がっています。

　資力もまた、死刑を受ける人と免れる人を決定する重要な要素です。ほぼすべての死刑囚は、公判時、自ら弁護人を雇う経済的余裕のなかった人たちです。死刑囚の半数以上は、高校中退です。その結果、被告人

は運任せの状態に置かれ、裁判所が選任した弁護人からきちんとした弁護を受けられるケースもあれば、弁護人が裁判の途中で眠ってしまったり、法廷に着いたときにはほろ酔い加減だったり、それまで死刑相当事件を担当した経験がなかったりする場合もあります。こういう弁護人には、たとえ交通裁判でも弁護してほしくはないでしょう。

　アメリカで死刑の対象となるのはどんな人なのかという問題を巡って、最も穏やかでない事実は、中には無実の人たちがいる、ということです。死刑が再開されてから、これまでに100人以上の有罪が覆り、釈放されました。このうち、こうした「逆転」の半数以上は1990年以降に起きたものです。これは解消に向かっている問題ではありません。私たちの制度は人間が運用するもので、過ちがつきものなのです。

　誤りというのは刑事司法システムのいたるところで起き得ますが、死刑に関しては過ちを葬ってしまいます。いったん処刑されてしまえば、裁判所が過ちを正そうとしても手遅れなのです。近年、これほど多くの誤りが明らかになっているのですから、今後、いかなる人をも処刑すべきではないのです。もし、これが流れ作業だとして、人の命を危険にさらす欠陥製品を製造しているとしたら、その工場を閉鎖するでしょう。全製品を回収しますよね。

　間もなく9月を迎えるこの時期にこの大会が開かれているので、私はアンソニー・ポーターのことを思い出しています。ポーターは1998年9月に、イリノイ州で処刑される予定だったのです。彼の弁護人には、上訴する最後の手段がひとつありました。ポーターは知的障害者だったので、死刑に処するだけの能力が彼にあるのかどうかを見極めるため、裁判官に審理を行うよう求めまして、認められたのです。死刑執行が運よく延期されたおかげで、ノースウエスタン大学のジャーナリズムのクラスが、調査報道の演習として、ポーターの事件を取り上げる機会が生まれました。

学生たちはポーターの事件を課題として与えられ、事件の現場を再現しようとしたのですが、裁判から得た状況は、実際の現場とどうしても合いませんでした。続いて学生たちは、法廷証人の1人と接触しました。驚いたことに、その女性証人は、ポーターの裁判で彼に関して虚偽の証言をしたと認めたのです。さらに、女性は学生たちを殺害の真犯人のところに連れていき、その男はとうとう、ビデオテープに向かって犯行を告白したのです。ポーターはイリノイにある死刑囚の獄舎から釈放され、白日の下に歩み出て、ジャーナリズム専攻の学生たちと抱き合ったのです。やがて、イリノイでは、すべての死刑執行を停止すると表明されました。

　素晴らしい話ではありますが、違った結末を迎える可能性もかなりあったはずです。もし、アンソニー・ポーターの知的能力が正常だったら、予定どおり、処刑されていたでしょう。死刑が延期されたのが11月だったら、彼の事件が学生たちに調査されることはなかったかもしれません。もし、学生たちがほかの授業を欠席してまで、ポーターの事件を追究していなかったら、真実を明かした証人を見つけ出すことはなかったかもしれない。この例は、制度がうまくいっていることを示しているのではありません。冤罪が晴れたほかの死刑囚たちも、その多くはただ、運がよかったというだけなのです。

　無実の人の命を危険にさらす犠牲に比べれば、死刑にかかる経済的コストなど、重要性は低いでしょう。しかし、社会が安全のために投じることのできる費用は限られています。死刑に何百万ドルも使うとすれば、そのお金で警察を増強したり、犯罪多発地域の街灯を改良したり、あるいは矯正のために使ったりすることはできなくなります。納税者が払った何百万ドルものお金が、繰り返し死刑に投じられていますが、その効果はほとんど示されていません。たとえば、カリフォルニアには600人以上の死刑囚がいて、毎年、ざっと100万ドル（約1億円）を死

刑関連に使っていますが、これは刑事司法システムの通常のコストでは考えられません。カリフォルニア州では年平均の執行数は1件未満ですから、1回の執行につき、100万ドルということになります。ばかげたことですね。死刑の費用は一銭たりとも矯正に回されません。そうすれば、いくらか効果はあると思うのですが。

しかし、被害者についてはどうでしょう。たとえ死刑が不公平に執り行われ、あまりにも多くの過ちを犯し、安全な社会づくりに役立たないまま、何億ドルも費やされているとしても、少なくとも犯罪被害者のためにはなる。

ただ、最近は、多くの遺族が死刑に背を向けています。ひとつには、死刑が被害者を分け隔てし、関係する親族の99％に失望をもたらしているからです。殺人を犯した人のうち、死刑になるのは1％未満ですから、死刑にならなかった場合、遺族は、最愛の人がなぜか不当に扱われたというような、騙された気持ちになるのかもしれません。死刑が「報い」として与えられる場合でも、それまでには10年ほどの長い年月を、実際に執行されるかどうか不確かな状態で過ごさなければならないでしょう。より可能性が高いのは、（その間に）少なくとも1回は判決がひっくり返るか、審理をやり直すことになり、多くのケースでは結果的に（死刑とは）異なった判決に終わるでしょう。先行きが予想できないジェットコースターのような状況です。私たちは被害者（の遺族）にそんな試練を味わわせるべきではありません。死刑というのは最もありえない結果であることを、彼らは最初から正しく知っておくべきなのです。

死刑は文字どおり、破綻しています。死刑判決は半減し、世界中でこの刑に対する拒絶が高まり、この国でさえ支持が減っていることからすると、死刑がなくなる日も近そうです。現在の矯正制度は既に、凶暴な犯罪者の99％以上を服役させることで社会の安全を保っていまして、

この制度に信頼を置くのは社会の潮流であると思います。現制度なら死刑判決を受ける人たちに対しても、矯正制度はずっと効果的な機能を果たすだろうと、私は信じています。矯正制度は「処罰に際して包括的な任務を果たしてきた」というだけでは不十分で、「受刑者を向上させつつ」、「受刑者を支えることにおいて、さらなる援助の任務」を果たしていくでしょう。ひとつ、私がはっきりと言えるのは、死刑制度は試されてきた、そして失敗だった、ということです。

　続いて、マクアダムズ氏。

　人は死刑について語るのは好きですが、「刑」として語るのは好きではないようです。
　また、冤罪が証明された死刑囚について語る人は、過激に、誇張して語ります。そういう人たちは、死刑に関する人種の格差を取り上げるでしょうし、格差があるのはまったくそのとおりです。
　しかし、その格差とは、白人を殺害した場合、黒人を殺害した場合より刑が厳しくなるということではありません。ただ、行刑制度において、白人を殺す人の方がより際立っているというのは、あらゆる知見で明らかです。行刑制度は人種的にまったく公正なのに、死刑だけは異なり、人種が問題になるというのは少し妙ですね。
　死刑反対論者は「死刑に問われた被告人の弁護人で居眠りをする人がいる」などと言います。でも、どういうわけか、懲役30年とか終身刑で済む被告人の場合には、「居眠り弁護人」の話はしないようです。意味するところは「死刑を受ける可能性がない限り、どんな被告人にも、完全無欠の弁護人が付く」ということなのでしょう。死刑の裁判では、頼りない弁護人が付く、と。
　反対論者は「死刑になりやすいのは貧しい人たちだ」ともいいます。

でも、受刑者の多くは貧しい人たちなのです。金持ちは優秀な弁護士を雇って死刑を逃れることができるというけど、面白いことに、同じ弁護士を雇えば収監を免れることもできるわけです。

　反対論者は、死刑がいかに残酷かを語る。面白いことに、話題が死刑でなくても、行刑制度がいかに残忍かを語るのは、同じようなタイプの活動家です。でも、テーマが死刑となれば、彼らはそちらに話題を移すので、我々は「刑務所の制度には問題がないんだな」と考えるのです。刑務所の中でも殺人は起きる。最も有名な例はボストンの連続絞首殺人犯（アルバート・デサルボ、Albert DeSalvo）ですし、2番目がミルウォーキーの連続殺人犯、ジェフリー・ダーマー（Jeffrey Dahmer）の例でしょう。2人とも、刑務所で他の受刑者に殺されました。

　死刑囚の中で無実だった人がどれだけいたか、ちょっと考えてみましょう。彼（ディーター氏）は数を示さなかった。彼（DPIC）のウェブサイトには、無実と推定されて疑いが晴れたという人たちの氏名が一覧表になっている。

　でも、それは正しくないのです。そういう人たちの多くは、手続き上の理由で釈放されたのであって、無実だという物的証拠があったからではありません。

　フロリダ州には24人の死刑囚がいて、死刑判決審査委員会が個々の事件を再調査した。24の事件のうち、有罪に疑義があるのはわずか4件だけだったという結論を出しました。うち1件では、死刑囚が手続き上の理由で釈放され、違法な収監だったとして州を訴えました。訴訟の過程で、その人は実際のところ有罪で、「無実の収監」に対する賠償金を受け取る権利はないということが明らかになった。

　カリフォルニア州の司法長官は102人の死刑囚のリストをチェックして、うち68人について死刑判決は正当だったと結論付けました。残る34人についても無実だという結論を出したわけではなく、結論が出

なかっただけです。昔の事件で、証拠を収集するのが困難だった。しかし、リストの3分の2は無実ではなかったというのが、彼の出した結論だったのです。

　さて、そういう人たちでも法的には無実だ、という言い方をする人がいますね。その意味では、クリントン（前アメリカ大統領）も（女性と不適切な関係を持ったと認めたにもかかわらず）無実だし、ヒトラーだって無実だ。悪いことをして起訴されたことがないんですからね。「法的には無実」という人たちは、100人なら100人のリストを示して、「彼らは実際、何もやってない」と言って世間の人たちを信じ込ませようとするのです。結局は有罪にならなかったのだから、推定無罪ではありますよ。

　1970年以降、約7,000件の死刑判決が出ましたが、無実の人が死刑判決を受けたのはおそらく1％以下でしょう。では、無実で「収監」されたのは何人でしょうか？　実際のところはわかりませんが、かなりの数であることはわかる。死刑以外の事件だと、世間の関心はずっと低いのです。冤罪の割合は収監された人の方が死刑囚よりも高いと考えられる根拠はあるのですが。

　たとえば、死刑判決を受けると、「極上の」法手続きで裁判は進行します。上訴を重ねるし、死刑反対派の活動家の弁護士たちが大勢、参集しますからね。だから、殺人で起訴されて、無実だとしたら、死刑に問える殺人事件の方が、そうでない殺人事件よりも無罪となる確率が高いのは明らかです。

　死刑反対論者は「死刑はいったん執行されたら取り返しがつかない」と言います。死んだ人を生き返らせることはできないけど、無実の人を刑務所から出すことはできるとね。

　そういう論法の問題点は、こういうことです。つまり、誰かを30年間収監して、無実だと判明したら釈放すればいいというのですが、その

人の人生は取り戻せないでしょ。収監するということだって、基本的には取り返しがつかないことなのです。

　また、死刑反対論者は「死刑囚の冤罪はもうたくさんだ」と言います。「無実の死刑囚を生んではいけない」とね。じゃあ、いったいどうして、「無実の人を収監するのはもうたくさんだ。行刑制度なんて廃止しよう」と言わないんでしょう？

　政府の施策というのは、完璧な基準を満たすことはないのです。たとえば、警察が強制力を行使する基準、実力行使の基準というのがあります。警察官には十分に訓練を積んでもらいたいし、レベルの高い「プロ」であってほしい。

　ですが、たとえそういうレベルを満たしていても、警官が無実の人を誤射してしまうというのはよくあること。残念だし、そういうのは極力なくしたいけど、だからといって、丸腰の警察を支持する人なんていませんよね。

　面白いことに、死刑反対論者でさえも、過去30年間にだれか無実の人が処刑されたということを、揺るぎない証拠を示して主張したりはしない。1998年にABCテレビの番組に出た反対論者が「1976年以降、486人の死刑が執行されましたが、無実の人が処刑されたのでは、という疑念はありますか」と訊かれた。彼はこう答えたんです。「無実の人びとを死に追いやったに違いないけれど、今すぐ証明しろと言われれば、できません」とね。

　最後にひとつ、議論すべき問題があります。それは犯罪抑止効果の問題です。「死刑は殺人を抑止するか？　もしそうだとすれば、死刑を用いる強力な理由になるか」ということです。

　死刑反対論者はよく、今日の社会学会誌にはどこにも掲載されないような統計的比較をしますね。たとえば、死刑が行われている州の方が、死刑のない州より殺人発生率が高い、とかね。

実際はほとんど同じなのです。たとえば人口などさまざまな理由から、ある州では殺人発生率が高まり、その結果、死刑の要求が生まれるのでしょう。このようなわけで、ウィスコンシン州には死刑がなく、テキサス州にはある。もしウィスコンシンの殺人発生率がテキサスと同じように高ければ、おそらく死刑を導入するでしょう。
　正しい数字を示すと、どうなるでしょう？　統制すべきデータを統制し、明晰な統計分析をするということ。つまり、複数の州を対象に、いくつかの年代にわたって、時系列を当てはめて分析するのです。
　抑止効果については「ある」とするもの、「ない」とするもの、両方の研究結果があります。しかし、注目すべき抑止効果を示す、いくつかの優れた研究がなされてきました。経済学者のジマーマン（Paul Zimmerman）は最近の論文で、州が死刑を1回執行するたび、平均14件の殺人を抑止すると結論づけました。シェパード（Joanna Shepherd）は1回の死刑執行で、3人の命が救われると計算した。もうひとつ、興味深い結論は、死刑囚を長い間収監すればするほど、犯罪抑止率は低くなるということです。「正義の遅延は正義の否定」という古いことわざにもあるとおりです。
　まあ、みなさんは経済学について話したいわけではないでしょうし、忌々しい経済学者なんてもういいとおっしゃるかもしれません。なら、試しに1970年代以降のいろんな殺人発生率をご覧になるといい。サウスカロライナ、ジョージア、デラウェアなど多くの州では、死刑再開以降、殺人が急激に減りました。どれもみな、死刑という政策を積極的に取り入れた州です。
　次に紹介するカリフォルニアの民主党上院議員の話は説得力があるでしょう。かつて検察で働いていた人です。「1960年代に第1級強盗をはたらいた女性のことをよく覚えているわ。犯罪事実を見ると、食料雑貨店に押し入った際、持っていた銃に弾を込めていなかったの。どうし

てと訊ねたら、『パニックになって人を殺して死刑になりたくなかったから』と彼女は答えた。この話は、1960年代のカリフォルニアで、死刑が実際に犯罪抑止効果を持っていたことを私に教えてくれた初めての証言だったわ」

　みんながみんな、抑止できるわけではないという人もいるでしょう。そのとおり。抑止できるのは一握りの殺人かもしれません。ですが、問題は我々が何に賭けたいのかということです。実際に犯罪抑止効果がなくても、敢えて殺人犯を死刑にするのか、それとも、実際に抑止効果があるのに死刑を拒み、罪のない人たちが殺されるのを敢えて放置するのか。私には根本的な選択だと思われます。ありがとうございました。

　このあと、両氏は司会者を介し、会場からの質問に答えた。
　残念なことに、この質疑応答については、ディーター氏から掲載許可が得られなかった。
　質問の中には、両氏それぞれの見解を同時に求めたものもあり、その場合、マクアダムズ氏の答えだけを紹介するのは、いささかバランスを欠く。
　というわけで、マクアダムズ氏に向けられた質問と回答を抜粋する。

　——あなたは死刑を実際に見たことがありますか。
　「いいえ」
　——死刑賛成論者として、一度は見るべきだとは思いませんか。
　「もし徴兵制のようなもの（義務）だったら、死刑執行官になっても構いませんが。進んでやろうとは思いません」
　——死刑のほかに選択肢がない犯罪については、死刑を連邦政府の管轄下で行うべきではないでしょうか。50州すべてが死刑制度を持つべきだと思いますか。

「私は連邦主義者ではありません。何事によらず、相当な理由がなければ、連邦政府の管轄で行うべきではありません。地域間格差に関しては、面白いことがあります。どの地域も大多数が死刑を支持しています。いくつかの州では、エリートが絶大な権力を持ち、死刑制度を避け、執行を回避しています。それは不公平です。死刑相当の犯罪というものを設定することに賛成なら、より全国的な基準を設けることも可能でしょう。法律的には、連邦政府の管轄で扱う犯罪というのはほんの2つか3つ程度だと思います」

——「汝、殺すなかれ」というモーセの十戒について質問されたら、あなたの見解は。

「州法をごらんなさい。殺人を犯す人びとを想定しているでしょ。（出エジプト記の）残りの章を厭わず読んだんですか。『人を打って死なせた者は、必ず死刑に処せされる』と書いてあるじゃないですか」

——（人種や資力の差などによって）特定の犯罪者だけが起訴事実の通りに有罪になっているのではないか、という問題を確認するために、力を注いだり関心を持ったりするのは正しくないというのですか。

「まず、死刑反対論者は、制度を改善するより、見せしめ的な死刑（の問題点）を探し出して、死刑を妨害しようとする。そこが問題なのです。我々が反対するのは、可能な限り、あらゆる手続きを重ねることで死刑の執行を単に遅らせようとすることです。

優秀な弁護人をより広く利用できるようにすることには、反対ではありません。

インディアナ州には2つの公設弁護人制度があると思います。より最新の制度としては、死刑相当の殺人事件で起訴されると、弁護人が2人ついて、1時間90ドル（約9,000円）の報酬を州に請求で

きるのです。しかし、死刑相当ではない殺人事件の場合、一定の担当件数を抱えた公設弁護人が選任されます。年に100件から150件という人もいます。そんなに件数を抱えていて、どうやってやる気が起きるでしょう。担当する被告人のうち99人が有罪で、司法取引に応じるなら、どんどん仕事を消化できる。そういう弁護人がつくと厄介なのです。インディアナ州は被告人に優秀な弁護人をつけようと、真剣に取り組むようになりました。多くの州が積極的に、手続きをより公正なものにしようとしているのがおわかりだと思います」

──死刑に犯罪抑止効果があるのなら、アメリカの殺人発生率はどうしてこんなに高いのですか。

「我々は国民IDカードを持っていませんね。国民IDは銃規制法と同様、抵抗に遭うかもしれませんけど。我々と文化が違う国は、たぶん、この国より凶悪犯罪も少ないのでしょう。我が国の殺人発生率は高いのは、文化が異質だからです。

それから、この国では多くの犯罪者に対処しなければならない。中にはアメリカ人に同化してすぐに犯罪に走る者もいます。ヨーロッパの国々は伝統的に移民がずっと少ない。最近では変わってきていますけど。移民はアメリカの大きな問題として論じられるべきです」

──もし、あなたの息子さんか奥さんが殺人を犯したとしたら、それでも死刑には賛成しますか？

「おそらく、心変わりするでしょうね。『もし、あなたが大富豪だったとしたら、ジョージ・ブッシュの税制案の方が（ブッシュ大統領の初当選時、アメリカ民主党の対立候補だった）アル・ゴアの案より好きですか』って言ってるようなものですよ。答えはイエスでしょう。

ええ、もし政策が私に不利な方向に働くなら、中立ではなくなり、考えを改め、その政策が嫌いだと判断するかもしれません」
──死刑にそれほど犯罪抑止効果があるのなら、死刑を街の広場で執行するのはどうでしょう。
「死刑が行われていることを知り、報道を読むことができれば、（政府自身が公開しなくても）おそらくそれで十分だと思います。我が国の兵士はイラクの兵士や人民の命を奪っていますが、アメリカ政府がそういう生々しい映像をビデオに収めなければならないのかといえば、そうは思いませんからね。

ただ、必ずしも真っ向から反対はしません。社会が死刑を容認しているわけですから、社会のすべての人の目に見えるようにすべきです。誰が執行室の様子を記録するのかを決めれば、公共の利益は十分満たされると思います」
──最後に、まとめのお言葉を。
「言い忘れたことは何だったかな。

金持ちは死刑囚になったりしない。金持ちは刑務所で20年も過ごしたりしない。例外はありますけどね。死刑囚というのはちゃんとした教育を受けていない。受刑者はまともな教育を受けていない。それについて疑いの余地はありません。

白人を殺した人たちは、死刑になる可能性がより高い。でも、そういう人たちは、刑務所人口の中でも占める割合が高いんですね。

どんな政策も完璧とはいきません。どんな政策にも問題はあります。戦争では、非戦闘員の一般市民を殺してしまうこともあります。1991年（の湾岸戦争）や第二次世界大戦を考えてみてください。わが国が勝ったから、『正義の戦争』と考えるだけなのです。

死刑というのは、完璧主義者の尺度に従えば、悪いものに見えるでしょう。でも、その尺度を決してほかの政策に当てはめたりはし

ないでしょう。

　ほかの政策に当てはめる尺度で判断するなら、死刑が犯罪を抑止するかどうかはともかく、抑止することを示す数字はあるのです。必ずしも完璧には機能していないけど、不平等、人種的な不公平を減らす最善の努力はする。

　人種的な不平等がどれくらいだったら、公平と言えるのでしょうか。貧しいスラム街の子どもたちに比べ、白人の子どもたちがはるかに教育を受けているからといって、じゃあ、白人の子に教育するのをやめますか。

　公共政策の尺度というものを、きちんと考えましょう。公共政策一般に当てはまる尺度でみれば、死刑はかなりすばらしいものに映るでしょう」

　両氏の主張には、なるほどと思える部分と、そうでない部分とがある。

　マクアダムズ氏の論点を整理すれば、①政府、官憲の行為は完全無欠ではなく、過ちはつきものである②死刑が冤罪の可能性や人種的不均衡を内包しているのは確かだが、それは死刑に限った問題ではなく、行刑制度全般に不可避なもので、反対派はそうした現象が死刑特有であるかのように強調しすぎている③死刑による犯罪抑止効果はあると考えるが、仮になくても、応報の装置として死刑は必要だ——ということになるだろう。

　演説の中で、マクアダムズ氏は②を補強する意図から、冤罪だった場合に取り戻すことができないのは、死刑で奪われた命だけではなく、収監によって過ごした人生の一時期だってそうではないか、という趣旨のことを述べた。

　私もかつて、同じように考えたことがある。だが、いまでは少なくと

も、マクアダムズ氏の意見に同調することはできない。

確かに人間のやることだから誤りは避けられないが、だからこそ、せめて命を奪うことだけは避けるべきではないか、と考え始めている。それはおそらく、ミズーリ州の元死刑囚、ジョゼフ・アムライン氏の体験を直接聞いたことが影響している。

ディーター氏の主張は、あらためて整理するまでもないだろう。人種と地域と資力による格差、冤罪、莫大な費用に対する「犯罪抑止」の効果、遺族感情と応報。いずれも論旨は明確だ。

ただ、私が遺族だったら、と想像してみる。

殺人者のうち、100人に1人しか死刑にならないのだったら、100人とも死刑になるように、法律を変えてくれ。死刑が確定し、執行されるまで、10年でも20年でも待つ。たとえ望む結果にならなくても、最愛の家族を殺した人間が、同じように殺されることだけを心の支えに生きていくから。そう思うだろう。

「バド・ウェルチさんはオクラホマ・シティの連邦ビル爆破事件で娘を失いましたが、それでも死刑に反対しています。彼は死刑廃止のために大事なことが3つあると言います。一に教育、二に教育、三に教育だと。死刑に賛成する大多数の人びとを教育するのに、最も説得力のある論拠は何だと思いますか。『冤罪』は説得力に欠ける主張だと私は思います。無実の人を処刑する可能性はかなり低いからです」

「激論」の質疑応答で、私がディーター氏に見解を求めて提出した質問だ。

本書の出版にあたってディーター氏に電話をしたうえ、当時のやりとりをメールで送り、この問答に限った掲載の許可と、内容の確認を求めた。返信は、締め切りぎりぎりに届いた。

「ユースケへ。君の問いに対する答えとして、僕が言いたかったこ

とをできる限り思い出して考えてみると、こういうことかな。以下、ニューバージョン」

　死刑を支持する人たちにとっても、冤罪はとても重大な問題です。無実の人を処刑することに賛成する人はいないし、また、死刑が無実の人の命を危険にさらすことも明らかです。仮にその危険が100万分の1ならば、あるいは容認できるかもしれない。しかし、DNAの技術が進み、私たちは、誤って有罪とされた人の数が予想をはるかに上回ったことを知っている。そして、裁判の当時にDNAの証拠が入手可能であったなら、冤罪を晴らすことのできた人がおそらくほかにもたくさんいるでしょう。一般の人びとが死刑に疑問を抱く主な理由は、やはり冤罪だと私は強く思いますし、そうした疑問によって、死刑は岐路に立たされているのです。

6 死刑を見に行く

　いまから私は、2分冊の分厚い資料をめくっていく。
　アメリカではletterと呼ばれる、日本のA4判に近いサイズの紙で、2冊重ねるとその厚みは11センチにもなる。
　2004年6月8日に入手したものだが、留学を終えて帰国してからこの間、手に取ったことはなく、ずっと納戸で眠らせていた。
　紙を綴じるアルミの留め具から、水色の表紙だけが外れ、端が破れている。真ん中には、星をかたどったオクラホマ州の州章。ヒトデの「腕」にあたる5つの光線部には、オクラホマが1907年に46番目の州となった当時、その礎を築いた「Five Civilized Indian Nations（文明化したインディアンの5部族）」にまつわる図柄がそれぞれ描かれている1。
　星の上にはCLEMENCY HEARING OF ROBERT LEROY BRYANと記されている。ロバート・レロイ・ブライアンに対する恩赦公聴会。2004年5月20日午後2時、資料の作成者は州司法長官室となっている。

　1冊目の表紙をめくるといきなり、上部に大きく書かれたMISSINGの7文字と、ややぎこちなく笑う女性の写真が現れた。

　　イナベル・ブライアン（INABELL BRYAN）
　　69歳　5フィート10インチ（約178センチ）　160ポンド（約72キロ）

薄茶色の髪　目：青
93年9月11日土曜日の午後9時以降、イナベルを目撃された方、または何か情報をお持ちの方は
ロジャー・ミルズ郡保安官事務所　405-497-2417
FBI　405-225-6000
ブライアン家　○○○-○○○-○○○○

　2ページ目には、イナベルさんが夫のウィルバートさんと並んだカラー写真2枚と、娘のリンダさん、息子のチャールズさんが後ろに立って1967年に撮影されたモノクロの家族写真がコピーされている。
　さて、イナベルさんの身に何が起きたのか。ロバート・レロイ・ブライアンがどう関わったのか。この資料の「事実経過（FACTUAL HISTORY）」からたどってみる。

ロバート・レロイ・ブライアン
事実に関する陳述

A. 有罪の証拠
　9月12日、イナベル・ブライアンの娘であるリンダ・デイリーはその晩、イナベルに電話したが、応答がなかった。電話は月曜日もつながらず、デイリーはイナベル宅の近所に住むドニー・ウォーカーと連絡を取り、イナベルの様子を確認してほしいと頼んだ。ウォーカーは月曜の夜、午後10時15分ごろにイナベルの家に行ったが、誰もいなかった。ウォーカーは翌日、再びイナベルの家を訪ねたが、やはり誰もいなかった。ただ、家の裏の芝生に不審なタイヤの跡があり、イナベルの財布がなくなっているのに気づいた。保安官事務所は通報を受け、水曜日に近隣を捜索した。

デイリーは状況が心配になり、水曜に家を出て、オクラホマに向かった。不審物はいくつかあったが、デイリーはイナベルの表の部屋に残された菊の花に気づいた。どうして菊がそこにあるのか、彼女もほかの人たちもわからなかった。木曜の朝、「ホームランド」の生花店に訊いてみると、イナベルの家で見つかった菊は、ロバート・レロイ・ブライアン（以下、ブライアン）が購入したものらしいということがわかった。イナベルには生存の可能性が残されており、ブライアンが以前、男性を誘拐して自己の所有地に監禁しようと企てたことがあったことから、ブライアン宅周辺の空き地で捜索が行われた。イナベル・ブライアンの遺体はその晩、農機の近くで見つかった。ブライアンの住居から少し離れたひと気のない場所だった。

レンタカー
　被害者イナベル・ブライアンが誘拐、殺害されたと考えられる日の数日前、ブライアンは地元の「フォード」販売代理店に電話し、大型の車を借りられないかと尋ねた。ブライアンはトランクの大きな車に特別な関心を示した。フォードの代理店は1993年9月8日、ブライアンに茶色の「リンカーン・タウンカー」を貸した。ブライアンは翌週の月曜日に車を代理店に返した。代理店の従業員はブライアンが返した車の中に掃除機をかけている時、床に22口径の銃弾が落ちているのを見つけた。従業員は車が戻された際、トランク内のスペアタイヤがパンクしているのにも気づいた。さらに、ブライアンが借りたリンカーンを捜査したところ、被害者の遺体が発見された区域の植物と一致する植物が、車の底部に付着していることがわかった。リンカーンのトランクから見つかったヒトの毛は、のちに被害者のものと断定された。

花

　93年9月11日、ブライアンは地元の「ホームランドストア」で菊を購入した。菊を束ねて整えた生花店はのちに、被害者宅で見つかった花について、ブライアンが9月11日に買った花と同一であるとした。

資料

　ブライアンがレンタカーをフォード代理店に返した際、彼はレンタル料金を払う持ち合わせの金がないと話したが、被害者のサイン入りで1,680ドル（約17万円）と記された被害者名義の小切手を従業員に示した。ブライアンの自室を捜索した結果、ブライアンと被害者の間で交わされたとされる約束手形と合意書が見つかった。これらの一部には被害者のサインがあり、のちにブライアンが偽造したものと断定された。さらに、被害者名義の小切手がブライアンの部屋から見つかり、一部は被害者がサインしていた。

凶器

　被害者の遺体を検視した結果、額に銃弾1発を受けて殺害されたことが明らかになった。ブライアンの自室の捜索では、22口径の銃が同じ口径の多数の銃弾とともに見つかった。上述のとおり、22口径の銃弾はブライアンが借りたリンカーン・タウンカーの車内からも発見された。ブライアンの自室、レンタカー、銃から見つかった22口径の銃弾はCCI社製であった。FBI物的証拠鑑定部門のロジャー・ピールは、これらの銃弾の主な組成と、被害者の脳から採取した銃の断片を調べたところ、いずれもCCI社製銃弾の同一ロットであると結論づけた。

6　死刑を見に行く

さらに、ベニー・ヘリントンは93年9月11日の土曜日、車を止めて、ブライアンがパンクしたタイヤを換えるのを手伝ったと証言した。証言によれば、ブライアンは自身が借りたと述べているリンカーンを運転していた。続いてヘリントンは、ブライアンのタイヤ交換を手伝った夜、リンカーンのトランクの中で目にした22口径の銃が、ブライアンの自室で発見されたものと同一であるとした。

被害者の遺体の発見場所
イナベル・ブライアンの遺体は93年9月16日の夕方、ブライアンの自宅から少し離れたところで見つかった。遺体はやや人里離れた地域の農機の近くで発見された。そこは以前、ブライアンが地元の銀行経営者を拉致して殺害しようと企てたのと同じ場所であった。

犯行現場における種々の証拠
遺体で発見された被害者の頭は枕カバーで覆われ、被害者の首にはダクトテープが巻かれていた。遺体のそばで見つかったボール状のダクトテープは、ブライアンの自室で発見された巻きテープから切り取ったものと断定された。さらに、遺体に残された繊維は、ブライアンが借りたリンカーンのトランクの内張りから採取したものと一致した。遺体の近くでぺちゃんこになっていたキノコには、タイヤの跡があり、リンカーンのレンタカーのタイヤと一致すると断定された。加えて、93年9月11日の日付が入った「ホームランドストア」のレシートが遺体の近くで見つかり、花を購入したことが記載されていた。

B. 第2段階の証拠

　当事件の犯罪事実明細書には、2つの加重的状況が記載されている。

　1）ブライアンには、暴力の行使または暴力による脅迫を伴う重罪の前科がある。

　2）ブライアンは暴力的犯罪行動を取って引き続き社会に対する脅威となる恐れがある。

暴力的行為による重罪の前科

　ブライアンはかつて、ジミー・ハレルの誘拐・殺害を教唆し、有罪となった。1989年、ブライアンはリチャード・ゴスに話を持ちかけた。ゴスはオクラホマ州捜査局捜査官で、殺し屋に扮し、おとり捜査をしていた。ブライアンはゴスに対し、地元の銀行経営者ジミー・ディーン・ハレルを誘拐する計画を話した。ブライアンの計画はハレルを誘拐した後、殺害する前に複数の約束手形を書かせることだった。ハレルの殺害後に多額の現金を手に入れようと、ハレルの家族にその約束手形を示すことを企てた。ブライアンは地図を用意し、ゴスに対し、ハレルをどこに連れ去ってほしいのか、ハレルの遺体をどこに遺棄するかを示した。描かれていた場所はブライアンの所有する農場で、農機の近くだった。

継続的脅威

　上述のとおり、ブライアンが地元の銀行経営者を誘拐し、約束手形にサインさせ、殺害するというかつての計画については証拠が示された。加えて、証人たちはブライアンの威嚇的行為、他者の生命に対する脅迫、服役中に起きた刑務官への暴力行為に関して証言した。法廷での証拠により、ブライアンの殺害行為は利己的で欲深

く、冷酷であったことが証明された。ブライアンは、被害者名義でかつサインが記された1,680ドル（約17万円）分の小切手を提示した。ブライアンの自室を捜索した結果、ブライアンと被害者の間で交わされたとされる約束手形と合意書が見つかった。これらの一部には被害者のサインがあり、のちにブライアンが偽造したものと断定された。さらに、被害者名義の小切手がブライアンの部屋から見つかり、一部は被害者がサインしていた。

続いて、「訴訟の経過（PROCEDURAL HISTORY）」を読み進める。

　ロバート・レロイ・ブライアンの死刑は初老のおば、ミルドレッド・イナベル・ブライアン殺害の罪により、1995年1月30日、ベッカム郡地方裁判所で受けた判決にさかのぼる。ベッカム郡の陪審は、第1級予謀殺人で有罪とした。ブライアンは以下の2つの加重的状況の存在に基づき、同殺人罪で死刑判決を受けた。
　1）ブライアンには、暴力の行使または暴力による脅迫を伴う重罪の前科がある。
　2）ブライアンは暴力的犯罪行動を取って引き続き社会に対する脅威となる恐れがある。
　ブライアンは有罪判決に対し、オクラホマ州刑事上訴裁判所（the Oklahoma Court of Criminal Appeals）に直接上訴したが、1997年3月4日に棄却された。同年4月10日には再弁論の申し立てが退けられた。連邦最高裁判所（the United States Supreme Court）は同年11月3日、「裁量上訴（certiorari）」の審査申し立てを退けた。
　ブライアンは、有罪判決に対する非常救済手続き（post-conviction relief）をオクラホマ州刑事上訴裁判所に求めたが、同裁判所は1997年7月1日、適用を拒んだ。

1998年5月26日、ブライアンはオクラホマ州西部地区連邦地方裁判所（the United States District Court for the Western District of Oklahoma）に人身保護令状（writ of habeas corpus）の発付を申し立て、連邦裁での訴訟手続きを始めた。2000年2月8日、同地裁は救済申し立てを退けた。その後、ブライアンは連邦第10巡回上訴裁判所（the Tenth Circuit Court of Appeals）に上訴したが、2001年12月27日、同裁判所は人身保護令状による救済の拒否を支持した。のちに同裁判所は、全員法廷で再弁論を開き、同地裁の救済拒否を再び支持した（2003年7月21日）。

　2004年4月5日、連邦最高裁は、巡回上訴裁判所の決定に対する裁量上訴の審査申し立てを退けた。同月14日、州刑事上訴裁判所はブライアンの死刑執行を6月8日に設定した。ブライアンは現在、オクラホマ州知事に恩赦を求めている。

　確定訴訟記録によれば、ロバート・ブライアンは、被害者のイナベルさんとは疎遠で、事件が起きる1年2か月前の1992年7月17日を最後に会っていなかった。つまり、ブライアンとは、そのおばに対し、日本の強盗殺人に相当するだろう罪を犯し、処刑の日取りがすでに決まっている死刑囚だったのである。

　恩赦公聴会の資料は、過去の裁判記録がその大半を占める。イナベルさんの家族、ブライアンに応対した花屋の店員、フォード代理店の従業員、現場の捜索や遺留品の鑑定に当たった警察官など、50人近い証人への尋問が詳細に綴られている。
　それだけではない。ブライアンが購入し、イナベルさん宅に持参した菊の花束。タイヤの跡がついたキノコ。現場に残されたダクトテープ。そして、コンバインのそばに横たわる遺体と、血染めの枕カバーで覆わ

れた頭部の写真までが添えられているのだ。
　「この死刑囚が恩赦になるなんて、許されてはならない」。恩赦・仮釈放委員会（Pardon and Parole Board）に迷うすきを与えまいと、これでもかとばかりに、有罪の絶対さと事件の残忍さを突きつける。州当局の執念には、おどろおどろしささえ感じる。

　２冊目の資料の後半で、ロバート・レロイ・ブライアンの経歴が12ページにわたって紹介されている。「アウトライン」とはいうものの、高校、大学の成績まで記されていて、かなり細かい。
　ブライアンは1940年、オクラホマ州西端に近いセイヤの病院で生まれた。一家は1945年、イナベルさんと同じエルク・シティに移り住み、両親はそれまでと同様、農場を営んだ。
　ブライアンは高校まで地元で過ごした。一家は学費を捻出するため、豚80頭を売った。オクラホマ州立大（Oklahoma State University）では農業と農業教育を専攻した。
　卒業後は１学期だけ、隣の郡の学校で教え、電力会社に就職。1964年には結婚した。その翌年、カンザス州に転居し、高校で農業の教師となった。
　1966年以降の履歴には、入退院の記録が繰り返されている。
　最初は1966年１月。頭痛を訴え、大学病院に入り、さまざまな検査を受けた結果、異常なしと診断された。ただ、２月に「空気脳写図」というレントゲン写真を撮ったところ、若干、脳が萎縮している徴候が見られた。
　その後の９年間に、頑固な便秘、膝の手術、蜂巣炎、軽度の動脈硬化性心疾患、肥満、腸閉塞、高血圧などで、いずれも数日から10日程度の入院をした。この間、住居はカンザス、オクラホマ州内で、職は高校教師からセールスマン、そしてまた教師へというふうに、何度も変え

た。息子が生まれた年に離婚し、父が子どもの養育費を払った。教職を辞したのは1976年で、「おそらく、解雇」と添え書きされている。その後、農場などの経営を始めたものの、1985年以降、すべて倒産した。

精神疾患が最初に記録されているのは、1975年9月。エルク・シティの病院で、「重度のうつ病、不安障害が長期継続している」と診断されている。翌1976年6月には、家の中を歩き回り、自分の耳をたたきながら、「蜂がついてくるんだ」と訴えたこともあった。

そして、1989年1月。48歳だったブライアンは、銀行経営者に対する誘拐殺人を教唆した罪で起訴された。しかし、複数の精神鑑定を受けた結果、訴訟手続きを進めるのに必要な能力がないと判断され、裁判官は病院で検査と治療を受けるよう命じた。彼は器質性の妄想性障害があり、重度の精神病と診断された。投薬を受けて退院し、再び起訴され、鑑定を求められた医師は、訴訟能力が回復したと判断した。1991年、有罪判決を受けたが、執行猶予となり、以後は両親宅に身を寄せた。

そして、1993年9月。ブライアンはおばのイナベルさん殺害容疑で逮捕され、出生地のオクラホマ州セイヤで勾留された。

この事件でも再び、訴訟能力が焦点となった。ブライアンが上訴や申し立てを繰り返したのも、「訴訟能力について、弁護人が適切な弁護をしなかった」というのが主な理由だった。

この点に関し、連邦第10巡回上訴裁判所は2003年の判決で以下のように述べている。

　　ブライアンが1993年にイナベル殺害で起訴された後、彼の両親はレイモンド・ムンクレス弁護士に弁護を依頼した。ムンクレス氏は罪状認否で「ブライアンの訴訟能力には重大な疑問がある」と述べ、訴訟能力の有無の判断を求める申し立てを口頭で行った。1993年12月30日、ブライアンの訴訟能力を問う陪審審理が行われ

た。ブライアン家には医学的な専門家に証言させるだけの経済的余裕がなかった。ムンクレス氏は「殺害に関するブライアンの説明は現実的な根拠がまったくないのに、その説明が真実であると信じている。よって、ブライアンは訴訟能力がない」という趣旨の主張を展開した。陪審は「ブライアンは今後の訴訟手続きに堪える能力がないと立証することができなかった」と結論づけた。

　その4日後の1994年1月3日、ブライアンは弁護人の解任を文書で届け出た。裁判所は「オクラホマ貧窮者弁護制度」（OIDS、州の機関）にブライアンの弁護を命じ、ウェスリー・ギブソン弁護士が選任された。ギブソン氏は権威ある精神科医を雇い、ブライアンの鑑定を依頼した。「ブライアンの妄想と、迂遠という思考の障害が、訴訟における防御に際して、弁護人と協調する能力に影響している」というのが医師の意見だった。ギブソン氏は訴訟能力に関する2回目の審理を求め、裁判所は医師の証言などを検討した。裁判所は「訴訟能力があることに疑いはない」として、新たな審理の申し立てを退けた。

　ギブソン氏が軽い発作を起こし、1994年5月には、やはりOIDSの弁護人であるスティーブン・ヘス弁護士に交代した。ヘス氏の依頼を受けた臨床心理学者は、心理テストを何度も重ね、次のような結論を下した。「重度の精神疾患で、訴訟当事者としての能力だけでなく、起訴された罪における法的な有責性にも重大な疑問を呈している」

　ヘス氏は「心神喪失を主張するのがブライアンにとって最大の利益」と考え、ブライアンと彼の両親にそう伝えた。3人はそれを拒否し、私選の弁護人を雇うと言った。

　新たな弁護人となったジャック・フリーマン弁護士は、ヘス氏と会い、すべての記録とブライアンの精神状態に関する専門家の報告

書を受け取ったが、結局、有罪か無罪かを決める段階においても、量刑を決める段階においても、ブライアンの裁判で精神状態に関する立証をしなかった。

そのうえで、巡回上訴裁判所はこんな結論を下す。

　フリーマン氏がブライアンの裁判において、精神状態に関する立証をしないという戦略的選択を行ったことが客観的に不合理であると言うことはできない。我々は「弁護人の防御が不成功に終わったからといって、弁護人の特定の作為または不作為が不合理であったと裁判所が結論づけるのは、安直すぎる」ということを心に留めている。このように、弁護が効果的でないという主張を我々が検討する際には、慎重または適切な弁護とは何かではなく、ひとえに憲法的な要請による弁護とは何かを考えるのである。この裁判において、ブライアンは「あらゆる状況に照らして、確認された弁護人の作為または不作為が、専門家としてなすべき高度な援助という幅広い領域を逸脱している」ことを立証していない。

巡回上訴裁判所のヘンリー判事は、判決に対し、一部反対意見を述べた。「ブライアン氏が有罪であることに異存はない。しかし、彼の精神障害に関する証拠を陪審が検討することすら認めずに死刑判決を下すことは、憲法によって許されない」と。

オクラホマ州の恩赦・仮釈放委員会は、ブライアンの恩赦を認めなかった。
　ところが、別の死刑囚のオスバルド・トレス（Osvaldo Torres、29歳）に対しては、同じ2004年5月の7日、恩赦を勧告する決定をし、ブラッ

ド・ヘンリー（Brad Henry）知事は5月13日、「仮釈放なしの終身刑」に減刑した。死刑執行予定日のわずか5日前のことだった。

トレスはメキシコ国籍で、共犯者とともにオクラホマ・シティで男女のカップルを殺害したとして、1993年に死刑判決を受けた。

ところが、2004年3月31日、国連機関である国際司法裁判所（The International Court of Justice、オランダ・ハーグ）は、トレスを含むアメリカ国内のメキシコ人死刑囚51人について、アメリカ政府が1969年に批准した「領事関係に関するウィーン条約（the Vienna Convention on Consular Relations、1963年）」の規定に反していたとして、死刑判決を見直すよう命じた。

この条約は、国外で逮捕、拘禁された人が法的弁護を求めるため、自国の領事と接触する権利を保障し、拘禁した国の政府には権利を告知するよう義務づけている。メキシコ政府は「アメリカの刑事手続きで審理され、有罪・死刑判決を受けた多くのメキシコ国民への対応は、条約に違反する」とし、特に期日が差し迫ったトレスら3人の死刑執行を止めるため、2003年1月、国際司法裁判所に訴えを起こしていた[2]。

ヘンリー知事は声明の中で、「アメリカがウィーン条約に批准したことを考慮した。加えて、国務省からも連絡があり、そのことを十分考慮するようにと助言された」とし、トレスに殺害された2人の名を挙げて、「私の思いは遺族に向いている。難しい決断だったが、今回のケースに絡む多くの問題によって、恩赦は正当化されると信じている」と述べた[3]。

もし、トレスが初めからメキシコの領事と連絡を取り、その支援を受け、たとえばメキシコ人の言語や行動様式に理解が深い弁護人の後ろ盾を得ていたら、「死刑」とは違った結果が出ていたのかどうか。それはわからない。

ただ、トレスはオクラホマ州当局が彼に権利を告知しなかった「不作

為」のおかげで死刑を免れ、対照的にブライアンは、彼の精神障害について弁護人が主張を展開せず、かつ、その「不作為」が違憲とはみなされなかったために、死刑を逃れることができない。皮相な見方をすれば、そういうことになる。

　人の命の行方が、このような形で分かれる。それを運命だとして理解することが、私にはどうしてもできない。

　第1章からここまで、私はただの聞き手、記録者として、なるべく主観を挟まずに、死刑にかかわった当事者たちの声を伝えてきたつもりだ。
　だが、ここからはいよいよ、"当事者"としての私の経験を記していくことにする。見聞きした光景と、その前後を含む心の内を、当時のメモと記憶に頼って、忠実に写し取っていこうと思う。

　死刑を見よう。
　そう考え出した動機が何だったのかは覚えていない。
　ただ、見なければ語れない。アメリカの死刑について取材をするうち、そう思うようになっていた。
　理由はもうひとつあった。
　死刑を見ることで私がどう感じ、死刑に対する模糊とした考えが何らかの影響を受けるのか、ひょっとしたら、ひとつの方向に定まっていくのか。それを確かめたかったのである。

　死刑を見る、あるいは見せるというのは、どういう意味や意図があるのだろうか。もちろん、見る人の立場によって大きく異なるだろう。
　アメリカではかつて、公開処刑が行われていた。犯罪者の「帰結」を直視させることで、将来の犯罪を抑止できると信じられていた。ただ、

実際には、スリやそのほかの犯罪者にとって、見物に集まった群衆を狙う格好の場となり、意図されたような厳粛な雰囲気ではなく、酔狂、祝祭、さらには暴動の場ともなった。そして1937年、ミズーリ州で行われた絞首刑を最後に、公開処刑は終わった**4**。

　他方、イスラム教の国々では、死刑を公開するだけでなく、被害者の遺族に処刑行為への参加を認めた例があるという**5**。日本でも時折、「自分の手で殺してやりたい」といった遺族の思いが報じられる。アメリカにおいて遺族が処刑の場に立ち会うのは、そうした願望を満たしたいという心の働きがあるのかもしれない。

　さらにアメリカでは通常、記者を同席させ、執行に関する報道を認めている。当局側でもなく、加害者・被害者の親族でもない第三者を立ち会わせることで、死刑囚が拷問や過度の苦痛を受けないことを保証するとともに、その刑罰を与えた州民・国民に向けて、彼らが委任した執行の一部始終を伝えさせるのが目的だと考えられている**6**。

　私は日本の新聞記者であり、公正さの担保という点において、アメリカ国民に寄与できる部分はほとんどない。

　だが、死刑の是非を考える時、冤罪、犯罪抑止効果、格差と差別、弁護、遺族感情など、向き合わねばならない重大な問題は、制度を存置する国、州に共通する。

　その際、置き去りにされがちなテーマのひとつが、「人の命を奪った者に対し、政府が殺害という同じ行為の刑罰を与えること」の意味である。これに関連し、政府が執行に当たって、どれだけ情報と実態を開示し、国民にその刑罰の是非を考える材料を提供しているのかということも、論議をするうえでは絶対に欠かせない。

　日本では密行主義が当然のこととされている。アメリカと違って、記者はもちろん、被害者、加害者の遺族さえ、執行に立ち会うことはできない。それどころか、いつ、誰に対して執行されるのかは事前に明かさ

れず、情報と呼べる情報はもたらされない。当局以外の人びとを執行の場に立ち会わせることなど、少なくとも私が生きている間に実現することはないだろう。

　だから私は思った。

　今後も死刑の問題を考え続けていくならば、まずは、見なければならない。

　留学していた大学の教授の中に、かつてオクラホマ州矯正局（Oklahoma Department of Correction）の職員だった人がいた。

　彼に私の希望を話すと、ロン・ウォード（Ron Ward）局長と会えるように間を取り持ってくれた。矯正局長は州の刑務行政の最高責任者で、死刑執行室では進行を取りしきる権限を持っている。

　2004年3月2日、教授とともに矯正局を訪ねた私を、ウォード局長は好意的に迎えてくれた。

　せっかくの機会にと、いくつかの質問を用意し、求めに応じて事前にメールで送っておいた。

　彼は1992年以降、刑務所の副所長、所長、そして矯正局長として、およそ70回の死刑執行に立ち会ってきた。それについて、彼は「私の仕事、義務の一部」であり、局長の役割として最も重要なのは、執行の全過程において「職員、被害者と死刑囚の家族の威厳」を保つことだと言った。

　「処刑を担当する刑務官の中には、執行の前後を通じて、ストレスを感じる人もいると聞きました。矯正局は何かケアをしているのですか」

　この質問に対する答えで意外だったのは、処刑という職務に限っては、刑務官が辞退することができるということだった。「ストレスというのは、それが『義務』だから生まれる。だから、引き受けるかどうかは、厳に自発性に任せているんだよ。情緒的な問題だからね。宗教、あ

6　死刑を見に行く　　163

るいは個人的な理由から死刑に反対だという人は、それでいい。『できません』と言われれば、理由は訊かない。担当する職員は、義務感とか、州や局への忠誠心から役目を買って出るのです」。ウォード局長の記憶ではこれまで、おそらく25〜30人の刑務官がその職務を辞退したはずだという。

　担当する刑務官にはmixed feelings、複雑な感情がある。局長はそう話した。

　刑務官は死刑囚に対して、「近しい」というのとも違う、ある種の情がわき起こる。一方、彼らは職務に「ひどく真摯な」態度で臨んでいると強調する。

　「僕たちはそれを『catch 22（ジレンマ）』と呼んでいるけど、刑務官の仕事というのは、理解されないものです」

　局長が執行を終えて家に戻る。妻は「うまく行った？」とか、「大丈夫？」と気遣うが、彼は話題を夕食のことなどに向け、特別な話はしない。

　私が記者として、オクラホマの処刑を見ることが可能かどうか。言うまでもなく、訪問した最大の目的はそれを尋ねることだった。

　ウォード局長はあっけないほど簡単に認めてくれた。「ただし、席があればね。希望者が多ければ抽選だけど、最近はそれほどたくさん来ないから、大丈夫だと思うよ」

　ほっとした。矯正局から大学まで車を走らせる間、気持ちが昂ぶっていた。

　と同時に、刑務官の中にさえ、執行を拒否する人がいるという事実が、その後もずっと、心に引っ掛かっていた。

　その年、私は5月初めに卒業し、7月下旬に帰国することが決まって

いた。

　ウォード局長のお墨付きをもらった3月初めの時点で、確定していたオクラホマ州の死刑執行スケジュールを見ると、私が立ち会うことができるのは、5月18日に予定されていたメキシコ人死刑囚、オスバルド・トレスのケースしかなかった。

　死刑を見ると決めた以上、迷いや後ろめたさはなかった。反面、そのことをだれ彼となく、また、嬉々として話すつもりもなかった。

　だが、ウォード局長を紹介してくれた教授が授業中、「ユースケ、みんなに報告があるんだろう？」と促した。私は躊躇した後、口を開いた。「教授のおかげで、死刑の執行に立ち会うことになったんだ。ジャーナリストとしてね」

　10数人の同級生は、20代前半の女性が大半で、露骨に顔をしかめる人もいた。後日、用事があって同級生の家に電話をした際、受話器を取った母親に、「今度、死刑を見るっていう人ね」と言われたこともあった。

　「死刑に立ち会うというのは、死刑を容認するのと同じことだと思う」。死刑反対論者である学部の主任教授、ジョディ・ホーンは陰鬱な表情でそう言った。最も信頼できる学友の1人、シシリアは「たまたま人が死ぬ現場を目撃するのとはわけが違うのよ。人が殺される瞬間を好んで見に行くなんて」と咎め口調だった。彼女は、EU加盟国で1972年に死刑制度を廃止したスウェーデンからの留学生だった。

　彼女が言うとおり、人が殺されるとわかっている場所に、自ら赴くのは確かにむごい。私はそれまでの記者生活で被害者の遺体を目にしたことはなく、親族のいまわの際にさえ、立ち会ったことがない。

　でも、と私は心の中で反論する。今回、その手順と結末は決まっている。私が行っても行かなくても、殺害行為は実行され、制止することなどできないのだ。

ホーン教授が言うように、死刑に立ち会うことは、死刑容認を意味するのだろうか。
　オクラホマ州では、刑務官がその職務を拒むことができると、矯正局長のウォード氏は言った。では、職務を遂行する刑務官は、死刑賛成・容認派だと決めつけることができるだろうか。そうは思わない。まして、記者はいわゆる運動家、活動家とは違う。常に個人的な主義、信条に従って行動するわけではない。
　私は死刑容認派ではない。かと言って、反対派でもない。いまだにどっちつかずで「中立」である私の立場が、処刑を間近に見ることで、大きく、あるいは多少なりとも影響されるのか。そのことを見定めたいんです——。
　3月中旬、ワシントンの「死刑情報センター」へ取材に訪れた時、代表のリチャード・ディーター氏にそう話した。ディーター氏は「ジャーナリストとして大事なことだと思うよ」と理解を示してくれた。

　予想外の出来事が起きたのは、オスバルド・トレスの死刑が予定されていた前の週の午後だった。
　私は友人を車に乗せ、高速道路を走っていた。携帯電話が鳴った。着信表示を見ると、オクラホマ州矯正局の担当者からだった。
　サービスエリアに入り、かけ直した。「えっ、それ、どういう意味？」思わず、声をあげた。
　電話を切り、呆然とする私の顔をのぞき込むようにして、「どうしたの」と友人が訊ねた。
　「来週の死刑、中止になったんだってさ。最後のチャンスだったのに」。あーあ。私はため息までついた。
　国際司法裁判所が3月末日に下した判決のことは、翌日、ニューヨーク・タイムズが大きく報じていたから、すでに知っていた。だが、その

２週間後、州矯正局の担当者と会った時には、死刑の中止や減刑の可能性について何も聞かされていなかったのだ。

　自分が発した言葉の恐ろしさに気づいたのは、あくる日、地元紙でトレスに対する恩赦の記事を読んでからだった。

　拘禁中の手続きに誤りがあった。だから、知事はトレスを終身刑とした。死刑の執行は延期ではなく、取り止めとなった。

　１人の死刑囚の命が、とにもかくにも救われた。

　そのことを、何と私は悔しがったのだ。

　それまで、死刑を見ることが記者の使命だなどと考えていた私は、その動機を疑い、自問した。街なかで行われていた公開処刑を、興味本位や怖いもの見たさで見に行った大衆とまるで変わりがないのではないか、と。

　これでよかったんだ。死刑を見に行くなんて、非人間的だ。予定どおり、トレスの死刑に立ち会っていたら、心的外傷をひきずることになっていたかもしれない。

　アメリカにいるあと２か月の間に、もう、死刑が行われることはない。それを確かめ、きっぱり諦めをつけようと、州司法長官室のホームページを開いた。

　目を疑った。

　６月８日にもう１件ある。４月14日に州刑事上訴裁判所が日程を決定した、となっている。

　死刑囚の名は、ロバート・レロイ・ブライアン――。

　ハイウェイを走行中、雨が降り出した。

　「死刑にされちゃう人の、涙雨なのかなぁ」。助手席の友人がぽつりと言った。

　６月８日。私はオクラホマ・シティを車で出発し、約200キロ南東の

マカレスター（McAlester）に向かっていた。
　一度は断念した、断念すべきだと思った死刑執行の観察。
　見てしまえば、後々、ずっと引きずってしまうかもしれない。でも、見ずに帰国しても、同じように後悔するだろう。
　確かなのは、今回が本当に最後の機会であるということだった。私の人生において。
　行こう。どうせなら、行って後悔しよう。
　何か月も前に決まっていたワシントンでの取材を1日早く切り上げ、オクラホマに帰ってきた。
　この間、さんざん逡巡した。考えているうち、気分が悪くなることもあった。見てしまった後、平然と日常に戻れるのか、自信がなかった。そんな様子を察してか、一回り以上も若い友人が「一緒に行くよ」と、進んで付き添ってくれた。
　道中、彼女がつぶやいた言葉は重かった。
「どうして、自分が死ぬ日を、人に決められなきゃいけないんだろうねえ」
　たとえば、癌で余命の宣告を受ける。だからと言って、亡くなる日付まではわからない。ある日時に、自殺を図っても、思いどおりに完遂できるとは限らない。
　死刑による絶命は、人間がその「時」をあらかじめ知ることのできる、ただひとつの死に方だと気づく。
　キリスト教では、死とは神が天に召す時であるはずだ。
　それを人間が決めるという「合法」的殺害を、私はこれから見に行く。

　出発前、目指すべき場所の地図がどうしても見つからなかった。いろいろなウェブサイトで検索したが、連絡先として「P. O. Box 97（私書箱97号）」とあるだけだった。

オクラホマ州刑務所

　２時間あまり運転を続けると、ハイウェイの左手に、白壁に囲まれた白い建物が目に飛び込んだ。そこが私たちの目的地であることを、立ち寄ったコンビニエンスストアの店員が教えてくれた。
　Oklahoma State Penitentiary（オクラホマ州刑務所）。
　以前は午前０時開始だったオクラホマ州の死刑執行は、いまでは午後６時から始まる。
　まだ十分、時間の余裕はあったが、参加を希望する記者が多数の場合、抽選が行われるから、３時間前までに控え室に着くよう、矯正局の担当者から指示されていた。
　白壁は高さ６〜７メートル、一辺の長さが200メートルはある。逃走防止用の鉄条網がコイル状に巡らされ、監視カメラがここかしこに取り付けられている。壁の両端にはガラス張りの物見やぐらが設置され、警備の職員が目を光らせている。
　控え室は、刑務所とは駐車場と道路で隔てられた一角にあった。敷地

6　死刑を見に行く　　169

内にはブランコなど子ども用の遊具がいくつかあった。訊けば、この建物は本来、訪問センターで、受刑者との面会に来た家族らが待機する場所なのだという。

中に入ると、広報担当者らが笑顔で迎えてくれた。氏名を書いて、登録を済ませた。

「ロバート・レロイ・ブライアンの死刑執行（Robert Leroy Bryan Execution）」と題した、10ページの「情報セット（Information Packet）」を手渡された。表紙には、ブライアンの写真が載っている。

処刑室のある「H Unit（H棟）」に移動するのは午後5時20分。それまで2時間半のスケジュールや、許可なく控え室から出てはいけないことなど、報道陣への諸注意が最初に書かれていた。

続いて、死刑執行のプロセスが以下のように説明してある。

　執行の方法：致死注射
　使用薬物：
　チオペンタルナトリウム（Sodium Thiopental）—意識不明の状態にする
　臭化ベクロニウム（Vecuronium Bromide）—呼吸を止める
　塩化カリウム（Potassium Chloride）—心臓を止める
　静脈注射の管が2本、両腕にそれぞれ挿入される。
　薬物は、手のひらサイズの注射器で2本の管に交互に注入される。薬物の順番は上述のとおりである。各薬物を注入し終えるたび、塩水を注入する。
　執行官3人が担当し、それぞれが1種類ずつ、薬物を注入する。

さらに、オクラホマ州の死刑囚と死刑執行の歴史についても記している。

2004年6月3日現在、死刑囚は88人。
　男性はオクラホマ州マカレスターの州刑務所に収容されている。
　現在のところ、オクラホマ州に女性死刑囚はいない。
　死刑に関する現在の法律は1977年、州議会によって制定された。死刑執行の方法は致死注射である。オクラホマ州の死刑に関する最初の法律は、電気椅子による処刑を義務づけていた。1972年、連邦最高裁判所は当時の死刑執行を違憲と判断した。
　オクラホマ州は1915年から2004年1月13日までの間、男性153人、女性3人に対し、州刑務所で死刑を執行してきた。82人が電気椅子で、1人（連邦政府の受刑者）は絞首刑、73人が致死注射によって処刑された。電気椅子による最後の死刑は1966年に行われた。
　オクラホマ州では、1990年9月10日、致死注射による最初の死刑が執行された。直近の死刑は2004年3月23日に執り行われた。

　次のページには、ブライアンが死刑判決を受けた犯罪事実と、彼に続いて執行が予定されている2人の男の犯罪事実が要約されている。その下に、エドモンドソン州司法長官の声明が2行にわたって書かれていた。
　「ロバート・レロイ・ブライアンは、ミルドレッド・ブライアンの殺害に対し、厳正に有罪判決を下され、刑を言い渡された。上訴は退けられ、いま、彼が受けた判決が執行される時を迎えた」
　最後の3ページには、1915年以降に処刑された全死刑囚の氏名、執行年月日、年齢、人種、罪名などが一覧となっている。
　時間を持て余し、許可を得て煙草を吸いに外へ出た。ブランコのそばでしばらくたたずんだ。刑務所の屋根で羽休めしていた一群の鳥が、ど

んよりとした天に向けて飛び立った。
「死刑囚の人はいま、何をしてるんだろう。どんな気持ちだろう」。控え室に戻ると、同行の友人がつぶやいた。
 広報担当者の女性が近づいてきて、「あなた、これ、持ってる？」と私に尋ねた。2冊に分かれた、辞書のように厚いファイル。それが、冒頭で引用した恩赦公聴会の資料だった。
 至れり尽くせりの情報提供。まるで、企業の新製品発表会場にいるかのようだった。だが、私は敢えてその場でファイルを開くことはしなかった。
 そうこうするうち、また新たな1枚ものの紙が配付された。

　　ケンタッキーフライドチキン10ピース
　　バーベキュー風味の豆
　　コールスロー
　　肉汁のかかったポテト
　　ビスケット2個
　　2リットルのドクターペッパー

 ブライアンの「最後の食事」リストだった。(15ドル以内）と制限価格が書いてあり、末尾には、マイク・ムリン刑務所長の署名が「5-26-04」の日付とともに添えられている。ブライアンのリクエストが約2週間前に承認されたしるしだ。
 ウォード矯正局長の記憶では、上限は1994年まで確か5ドルだった。10年前に引き上げられてからは、据え置かれたままになっている。「物価上昇を考慮してないからね」。局長は笑っていた。
「刑務所のメシでいい」という死刑囚もいるが、「常識の範囲内」なら、何でも好きなものを注文できる。ただし、地元の飲食店から調達できる

食べ物に限られるから、「スシはダメだね」。かつては刑務官がポケットマネーで特別な食事を与えることもあったが、公正を欠くとしていまでは認めていない。

「最後の食事がフライドチキンなんて、かわいそう」と友人がつぶやいた。

私は別のことを思った。

63歳と高齢で、糖尿病の持病もある死刑囚がなぜ、こんなに大量に？

フライドチキン10個に2リットルの炭酸飲料なんて、とても胃に収めきれるはずがない。食事が目の前からなくなって、「これでいいよ」と悲しい思いをするのが嫌だから、初めから残すつもりで盛大に並べようとしたのだろうか。

恩赦公聴会の資料に、答えの手がかりとなる記述を見つけた。

1994年の春。ブライアンがおばのイナベルさんを殺害してから半年余りが過ぎ、ちょうど、訴訟能力を巡って審問が行われていたころだ。彼は食事制限と服薬の指示に従わず、裁判所の命令で一時、病院に移された。だが、ドーナツ12個とオレンジジュース0.5ガロン（約1.9リットル）をこっそり口にし、病院のスタッフに見つかった。そして、その10日後。今度は「ケンタッキーフライドチキン、肉汁のかかったポテト、コールスロー、ケーキ」を両親との面会中に食べたとして、「事故報告書」が作成された。以後、院内では、すべての食事をチェックし、面会を監視するようにとのお達しが出た。

つまり、ブライアンが最後の食事に選んだメニューは、おそらく彼の大好物であり、両親からの差し入れに見立てたのではないだろうか。この日に至るまで10年間、一度も食べられなかったのだとすれば、積年の恨みを晴らしたかったのかもしれない。

「で、食べ終わったのは何時なの」

6　死刑を見に行く

控え室にいた記者の1人が、広報担当者に訊いた。
「確認するね」
 しばらくして、「午後2時20分」という答えが返ってきた。要求どおりに出された飲食物を残さなかったのかどうかまではわからなかった。
 記者は私のほかに3人しかおらず、抽選の必要はなかった。
 唯一女性のエイプリルは、AP通信の新人記者だった。
 控え室のテーブルにパソコンを置き、原稿送信のチェックをしている中堅記者がいた。主にオクラホマ州東部をカバーする「タルサ・ワールド（Tulsa World）」のブライアン・バーバー。「死刑執行はなるべく取材するようにしてるんだ」。今晩、仕事が終わるのは遅めになる。だから、この日は午後出勤で、自宅からこの刑務所に直行した。
 もう1人、「マカレスター・ニューズ（McAlester News）」のベテラン、ダグ・ラッセルは陽気で飾り気のない、典型的なオクラホマンだった。4人の中では明らかに最年長。地元中の地元の記者だけあって、刑務所の職員たちとも親しげに話している。我ら報道陣の仕切り役、といった感じで、頼りになる存在だった。
 驚いたことに、州最大の地元紙「デイリー・オクラホマン」や、放送局の記者の姿はなかった。この州において、死刑執行とはそれほど「日常」的なイベントであり、もはや「ニュース」ではないということなのだろうか。

 午後5時半。「行くよ」。予定の時刻より少し遅れて、広報担当が私たちに声をかけた。
「じゃ、あとで」。私は控え室に残る友人に、作り笑いを送った。「大丈夫だから」と見えを切るつもりだったのだが、「この部屋に戻ってきた時、まともに顔を見られるだろうか」と、青ざめている自分の表情が頭をかすめた。

私たち4人は死刑執行室のある「Hユニット」に向かうため、迎えのバンに乗り込んだ。携帯電話はもちろん、財布、筆記用具に至るまで、所持品は一切置いていくよう指示された。

　最初の角を曲がると、「ようこそ　プリズン・ロデオ」という大きな表示が目に入った。この刑務所では毎年夏、州内の受刑者たちがプロのカウボーイ、カウガールとともに、投げ縄、雄牛乗り、去勢牛の格闘などで技術を競う大会が行われる。14,000の観客席は、一般市民にも開かれていて、競技場の門には「塀の向こうのロデオでは世界最大」と誇らしげに書かれている**7**。

　Hユニットの入り口で1人ずつセキュリティチェックを受け、記録用のメモ用紙とペンを渡された。

　鉄格子の自動扉が、けだるい音を立てて開く。私たちが中に入ると、扉はまた、厳重に閉ざされた。

　がらんどうの湿った廊下を、黙々と歩いていく。会ったこともないロバート・ブライアンという死刑囚の姿を脳裏に描き、自分に重ね合わせる。乾いた靴音が重く、異様なほど大きく響く。あと30分で、いよいよ──。

　「その時」を待つため、私たちは棟内の図書室に通された。

　午後6時。定刻となった。刑務官が図書室に入ってきた。

　いよいよだな。

　ところが、刑務官は広報担当者に何やら耳打ちをした。

　「最後の審理が長引いているらしい。午後7時に延期です」。担当者が私たちにそう告げた。

　この国では、死刑の執行直前まで、死刑囚の弁護人が執行停止を求めて訴えることが珍しくない。「民事上の請求を連邦最高裁に起こしたらしい」と、担当者はおぼつかない口調で付け加えた。

6　死刑を見に行く

どうなるんだろう、とは思ったが、「土壇場の請求（a last-minute request）」が認められるケースがほとんどないことは知っていた。
　私たち４人の記者は雑談をして時を過ごした。
　「同じ穴のむじな」という日本語が浮かぶ。
　「マカレスター・ニューズ」のダグは、『Someone cry for the children』というタイトルの本について、「タルサ・ワールド」のブライアンと話を始めた。1977年、オクラホマ州でガールスカウトの少女たちが殺害された未解決事件のことを書いたものだという。
　ブライアンとダグは、駆け出しの記者であるエイプリルの仕事ぶりにも関心がある様子だった。エイプリルは、内勤の日、特定の取材を割り当てられる日、まったく自由に行動していい日が決められていて、きょうは編集者に命じられてきたのだと言った。2人から1行当たりの原稿料を尋ねられ、正直に答える姿が初々しかった。アメリカの記者の日常は私にとっても興味深かったが、時おり笑いを交えて話し込む私たちの姿は、死刑囚や被害者の家族に見られたら、さぞかし不謹慎に思われるだろうな、と気が咎めた。

　6時45分。広報担当者が入ってきた。
　「請求却下」
　私たちは図書室の椅子から立ち上がった。それぞれの表情が一変、引き締まった。

　案内された部屋に足を踏み入れると、そこにはまだ、誰もいなかった。
　縦4面のガラスは、ブラインドで覆われていた。
　私たち4人の記者は、2列に並ぶパイプ椅子の間を通り、後列の左端に座った。

ちょうど私の正面、上方に、「RadioShack」のブランドがついたスピーカーが設置されている。2年前、オクラホマに着いて間もなく、大学に近いラジオシャックの小売店で、目覚まし時計を買ったのを懐かしく思い出した。
　ドア付近の壁には、2機の電話が取り付けられている。
　2人の刑務官がそれぞれ受話器を耳に当てる。
　1本は州知事の執務室と、もう1本はブラインドの向こうにいるムリン刑務所長とつながっている。
　刑務官は受話器を置き、慌しく室外に出ては、また戻ってくる。
　私は目に映る風景を、配られたメモ用紙に描写した。
　ブライアンはいま、どんな心境なのだろう。
　控え室で待っている友人は、執行開始の遅れを知っているのだろうか。サマータイムで、まだまだ陽が残っているとはいえ、一人で心細くはないだろうか。

　やがて、死刑囚ロバート・ブライアンの妹、ウィルマさん（60歳）とその夫、弁護士、友人2人、牧師の計6人が入ってきた。神妙な面持ちで、私たちの前列に次々と腰を下ろす。

　7時17分。ロン・ウォード州矯正局長が入ってきて、刑務官から受話器を受け取る。州知事サイドから最終的な「ゴーサイン」が出た。
　もう片方の受話器を取って、所長に命じた。
　「Proceed the execution（執行を開始しなさい）」

　ジーという音を立てて、4枚のブラインドが上がっていく。
　ガラスの向こうでは、処刑台に横たわり、死刑囚が縛られていた。

6　死刑を見に行く　　177

執行室は縦４メートル、横９メートルほどの空間だった。
　所長と医師が、処刑台のそばにいる。枕元と足元の方向に机がそれぞれ置かれ、２人の女性が顔を上げずに記録をつけている。
　死刑囚はガラスと反対方向に顔を背けていた。ほぼ横向きになっている。
　肩から下に、シーツが掛けられている。
　左腕が、藤色の囚人服からのぞいている。
　二の腕の辺りは、シートベルトのような黒いベルトで、ひじの下は革のベルトで固定されている。
　枕元付近の壁に、マイクが見えた。丸い穴が２つ開いていて、チューブが出ている。３人の死刑執行官は、壁の裏側にいるのだろう。
　もうすぐ、そこから薬物が静脈に注がれる。

「最期に何か言いたいことはありますか」
　ムリー刑務所長の声が、ラジオシャックのスピーカーから流れ出した。
　顔を向こうに向けたまま、死刑囚が語り始める。
　低くくぐもった声が、途切れることなく続く。
　まるで読経のようで、言葉としてひとつも聞き取れない。
　メモしようと耳を澄ますが、ペンを持つ手は固まっている。

　７時21分。「執行を始めさせてもらいます」。刑務所長が静かに語りかけた。

　１分、２分……。私は時計に目をやる。
　死刑囚は微動だにしない。
　その腕には注射液が流れているはずだが、壁から出ている管の先す

ら、私の位置からは見えない。
　時計の針以外、すべてが止まっている。

　足元で座っていた医師が立ち上がった。聴診器を彼の体に当てた。
「時刻は7時24分」。そう宣告した。
　ブラインドが再び音を立てて下りた。

　前列の6人は、その表情こそわからなかったが、この3分間、少なくとも動揺することはなかった。
　すべてが終わると、死刑囚の妹は、左隣にいた夫の肩に顔を埋めた。ガラスの前を通ってドアに向かって歩きながら、誰にともなくこう言った。
「何て言ったのか、ほとんど理解できなかったわ」。涙で顔がゆがんでいた。
　だけど、という意味だろう。「たぶん、ほかの人たちの首に手を回して、抱き合うはずよ」とも言った。もちろん、「天国で」という意味に違いない。
　そんな妻の背中を、夫は優しく二度三度とたたいた。

　1分以上続いたはずの「最期の言葉」。ほとんど聞き取れなかったのは、ほかの3人の記者も同じだった。
　控え室に戻るバンの中で、3人は互いのメモを擦り合わせた。私はダグに頼んで、彼らが一致したその言葉を書き写させてもらった。
"I've been on death row for some time. I've made peace with my Maker. I'll be leaving here shortly. I hope I'll see you on the other side. Until then, so long."
　――かなり長いこと、死刑囚の獄舎にいたな。神様と和解したよ。も

6　死刑を見に行く　　179

ロバート・ブライアンの死刑執行終了後、記者会見したリンダ・デイリーさん（前列右から2人目）

うすぐ、この世を離れる。向こうで会えるといいな。また、その時。じゃあ。

　このほかに、ダグは"The case has been solved."と聞こえたという。長年、上訴や申し立てを繰り返したが、「これにて落着」という思いを込めたのだろうか。

　私たち4人が戻った控え室の前方には、長机がセットされていた。「さあ、記者会見が始まるよ」。州矯正局の広報が私たちを急かした。机の向こうには、険しい表情を浮かべた男女10数人が並んでいた。被害者の遺族たちだった。
　処刑が行われる前にも後にも、私は彼らの存在に気づかなかった。
　それもそのはず、彼らは執行の間、計12人で別室にいて、死刑囚ロバート・ブライアンの最期をダークカラーのガラス越しに見つめていたのだった。ブライアンの側からは見えない、マジックミラーを通して。

「娘のリンダ・デイリーです。みなさん、質問があれば、どうぞ」
　真ん中に立つ、白いTシャツの女性が口を開いた。
　1993年9月。母の家に電話をかけ、真っ先に異変に気づいた。あれから11年たち、60歳になっていた。四半世紀以上、FBIで捜査補助官を務めた経験があるという。この日は自宅のあるアーカンソー州からはるばる来ていた。

　――死刑の執行が終わって、いまのお気持ちは？

　お定まりの最初の質問に、リンダさんはこう答えた。

　　「人生のひとつの章が終わって、いま、前に進めるような気がするわ。私たちはこれで、母の方により思いを向けることができる……モンスターに対してよりもね」。

　しばしの沈黙のあと、被害者の遺族が加害者を形容する時によく使う「モンスター」という言葉を選んだ。

　　「彼が母に味わわせたこと……母を拘束していた何日かのことを考えるのは、苦痛だったから。母にどんなことをしたのか、どんな扱いをしたのか、さっぱりわからない。たとえどんな形でも母のことを気遣ったのか、それとも、母を外に連れ出して、動物や何かと一緒に、雨風にさらしていたのか、ずっと考え続けると思うわ。だって、母は何日間か、死刑囚みたいだったんだから」

　――被告人はあなたのいとこだったの？　あなたの家族とは親しかったんですか。

6　死刑を見に行く　181

「いいえ。彼は父のおいだったの」

——そう。じゃあ、あなたと血縁関係はないわけ？

「あるわ。いとこだったから。でも、親しくはなかった。彼の家族は、ブライアン家のほかの親族とはだいたい……1950年代以降、疎遠だったの」

——彼はこれまでに罪を認めたの？

「いえ、認めなかったわ。私たち、きょうはそういった言葉が聞けると期待してたんだけど、聞けなかった」

——最期の言葉についてはどう思う？

「何て言ってたのか、理解するのは難しかったわ。何を言ったのか、言わなかったのか、正確にはわからない。でも、理解するのは困難だったわ。頭を背けてたから」

——そうそう。その問題はみんな、同じだよ。彼はね、「神と仲直りした」って言ったんだけど、その前は何のことを言ってたのか、僕たちも理解できないんだ。

「明らかに、彼は、犯罪の責任が自分にあるとは考えてなかったわ」

——お母さんのこと、もう少し話してもらえる？

「母のことをどう思っていたか、言葉にするのは難しいけど、私たちの人生でとっても大切な人だった。特別な人だったわ。私たちみんなにとって、とっても大事な人だった。友人であり、素晴らしい母であり、祖母であり、おばであり……全員にとってね」

AP通信のエイプリルは、新人らしく、忌憚のない質問を発した。

——あなたたち、きょうはどうして、ここに来たの？

リンダさんは少し面食らったように、「どうして？」と苦笑いを浮かべ、それから次の二言で答えた。

　「For closure（区切りを求めてね）」

　弟のチャールズさんが、やや冗談めかして補足した。「もし、そういうものがあればの話だけどね」

　——いま、人生で何を期待してるの？

　そう訊ねられ、リンダさんは「そうねぇ」と一呼吸入れてから語り出した。

　「もうこれ以上、通知を心待ちにする必要がない。そのことがわかって、よかったんじゃないかしら。法律のシステムでは、もうこれ以上何もないんだから。これで終わり。あと、オクラホマ州はよくやってくれたと思う。私はほかの州から来てるから、オクラホマの当局が法の手続き上、最後まできっちりと、本当によく記録してくれたのがわかるの。だから、私たちは前に進めるし、もうこれ以上、そのことで心配することもないから、家族の幸せを考えることができるわ」

　ほかの記者3人とリンダさんとの問答をひたすら書き取りながら、ひとつだけ、どうにも釈然としない点があった。
　「区切りを求めて」来たと、被害者の娘は言った。確かに最初、「ひとつの章が終わった」と語り、これからは「前に進める」と繰り返した。

6　死刑を見に行く　　183

一方、会見中、ほとんど無言だった息子は、区切りというものがあるのかどうかわからないと、率直に述べた。
　締めくくりに、だから、私は訊いてみた。
「区切りはついたと思いますか」
　リンダさんがきっぱりと答えた。
「これからも区切りというのはないでしょう。母はああいう死に方をしたんだから」
　ICレコーダーの録音時間はわずか8分。それでも、死刑執行に要した時間の2倍に及んでいた。

　4分間のドラマ
　うごかず
　あっというま
　幕があき、幕がとじる

　執行完了直後、私はメモ用紙にそう走り書きしていた。「4分」は、最期の言葉を含めた時間だったのだと思う。
　会見が終わり、ずっと待っていた友人が「どうだった？」と声をかけてくれた。
　うん、ひと言でいうとね……。私は胸の中の思いを、正直に言葉に出す。
「3分間の映画を見てるみたいだった」
「ドラマ」というのは正確ではない。それほど、現実感がなかった。いま、自分の目の前で人の命が奪われたという哀しみとか、むごさに対する怒りとか、人の命を奪った男に対する報復が完遂されたという満足感とか。あまりにあっけない出来事で、とにかく、何も感じなかったのだ。

死刑執行を見た帰り、空に大きな虹がかかった

　刑務所を出て、しばらく運転すると、くれなずむ空に虹がかかっていた。
　それまでに見たこともない、大きく、くっきりとした虹だった。
　車を止めて友人と降り立ち、カメラに収めた。

　あの日、刑務所でもらったブライアン死刑囚の資料に目を通さなかったのには、理由がある。経歴や人となりについて予備知識を持つことによって、死刑囚自身に感情移入したくなかったのだ。ただ純然と、処刑という行為を観察したかった。
　執行が予定より１時間余り遅れたのは、すでに述べたように、ブライアンが当日になってなお、連邦最高裁に執行停止を申し立てたためだった。
　最高裁の決定はにべもなく、たった２文で終わっている。
「当裁判所に提出された死刑判決の執行停止の申し立ては、これを退

6　死刑を見に行く

ける。裁量上訴の申し立ては、これを退ける」**8**

　裁量上訴とは、9人の裁判官のうち、4人が賛成すれば受理される上訴のことだが、決定は請求を門前払いし、理由はまったく書かれていない。

　ブライアンは死刑当日、連邦第10巡回上訴裁判所にも、最後の5日間で2度目となる執行停止の申し立てをしていた。土壇場の請求はあえなくはねつけられた。

　だが、3人の裁判官のうち、ヘンリー判事だけは前年の判決と同じく、反対意見を強い調子で記していた。「ブライアン氏の法的能力について見極めるため、執行停止を認めるべきだとの結論を下さざるを得ない」**9**

　死刑執行から8日後。私はオクラホマ州矯正局のウォード局長を訪ねた。立ち会いを特別に認めてもらったお礼を述べ、ブライアンの最期について、いくつか確認したかったからだ。

　当日、記者を派遣しなかった地元紙、デイリー・オクラホマンは、AP通信の配信を受けて、翌々日の朝刊で記事を掲載した。その中に「薬物が注入される間、ブライアンの胸は何度か、上がり下がりしていた」とあった。新人記者のエイプリルはその動きを捕らえ、私は見逃していたのだろうか。

　「僕もそれは知らない。最後に『プー』って、いびきのような音を立てたのは覚えてるけど」。ウォード局長はそう言った。

　ブライアンのあの寝姿も、私にとっては謎だった。もしも「顔向け」できなかったのだとすれば、それはいったい、誰に、何に対してだったのか。

　「ああいう格好は極めて珍しいね。その方が楽だったのか、それとも、何か医学的な問題かもしれない」というのが、ウォード氏の答えだっ

た。

　執行から３日後の６月11日。オクラホマ連邦ビル爆破事件のテリー・ニコルズに、終身刑の評決が下されていた。

　168人を死に追いやった男が死刑を逃れた。対照的に、あやめた数は１人で、ぎりぎりまで当事者能力が疑われた男は処刑された。そして、ほぼひと月前、死刑が予定されていたメキシコ人の男は、知事の決断で生きながらえることになった。

　「陪審がニコルズの死刑を選択しなかったのは、市民が導いた結論だから。メキシコ人が恩赦になったことについても、特に意見はないね。どちらも、経過の中の１章だよ」

　案の定、矯正局長から期待するような答えを得ることはできなかった。

　だが、やがて、私は不意に、もっと重要な答えを見つけたような気がした。

　死刑を見たあと、見事なまでに何も感じなかったのはなぜか、という問いに対する答えを。

　要するに、「政府の勝ち」、なのだと思った。

　致死注射は1977年、ここオクラホマの大学教授によって編み出された。州議会が、電気椅子に替わるより「人間的な」処刑を求めた結果として。

　私はその一部始終を目の当たりにしながら、それが州による「殺害」だとは認識せず、その行為に参加している実感もやましさも抱かずに済んだ。

　いや、おそらく、その感覚は私だけでなく、被害者の遺族、死刑囚の親族、そして執行者である矯正局長や刑務官をも含め、あの場にいた一人ひとりが共有していたのではないだろうか。

知事と議会は犯罪被害者の遺族感情などを根拠に、死刑の法律を存続させ、遺族は加害者の死刑を望む。検察は世間の支持も味方につけ、法律に照らしてその刑を求める。評決を下したのは陪審員12人の総意であり、誰かの独断で決まることはありえない。刑務所長は裁判所の設定した日取りに従って執行の準備を進め、最終的には矯正局長が知事と司法長官の承諾を受け、刑務官はただ、所長の命令どおりに薬物を注ぐ。死に追いやるのは自分ではない。少なくとも自分だけの責任ではない。そう考えて、各々の行為はなされるのだろう。死刑反対派の人たちが「We kill（我々の社会が処刑する）」といった表現を用いるのに対して、当局は通常、死刑囚を主語として「is scheduled to be executed（処刑が予定されている）」というように受け身で表記し、処刑する主体を明示しない。
　反面、冤罪が明らかになったり、違法な手続きが表面化したりして死刑を取りやめた場合でも、その刑の確定にかかわった人物が、あるいは組織が、自己の非を責めることはまずない。
　知事や議員、検事正を選挙で選んだ州民を含め、誰もが当事者なのに、誰も当事者であることを意識せず、その重みと痛みをほとんど感じないまま、わずか数分でやり遂げられてしまう「極刑」とは、いったい、何なのだろうか。
　かすかにその影は浮かんできたものの、正体をつかむことができないもどかしさを抱えたまま、私は死刑を巡る旅を終え、帰国の途についた。

1　<http://www.state.ok.us/osfdocs/stinfo2.html>. <http://www.state.ok.us/osfdocs/stinfo.html>.
2　The New York Times, 2004年4月1日付。<http://www.icj-cij.org/docket/index.php?pr=605&p1=3&p2=1&case=128&p3=6&search=%22osbaldo+torres%22>.
3　<http://www.gov.ok.gov/display_article.php?article_id=301&article_type=1>.
4　Gillespie, L.K., Inside the Death Chamber: Exploring Executions (Allyn and Bacon,

2003), p.75.
5 同上。
6 Lifton, R.J. & Mitchell, G., Who Owns Death?: Capital Punishment, the American Conscience, and the End of Executions(Perennial,2002), p.176.
7 <http://www.mcalester.org/custom2.asp?pageid=2094>.
8 <http://supreme.lp.findlaw.com/Supreme_Court/orders/2003/060804pzr.html>.
9 <http://ca10.washburnlaw.edu/cases/2004/06/04-6190.htm>.

7 死刑の語り部

シスター・ヘレン・プレジャンへ
　去年の6月、私はジャーナリストとして、オクラホマ州刑務所での死刑執行に立ち会いました。
　それまで、何人かの人たちにインタビューをしました。
　死刑囚の獄舎で20年近く過ごしたのちに冤罪が晴れた黒人の男性。オクラホマ連邦ビル爆破事件の共犯者で、検察が2度にわたって死刑を求刑したにもかかわらず、いずれも終身刑の判決を受けたテリー・ニコルズの弁護人。テキサスで90回近く執行に立ち会った元刑務所長。オクラホマの爆破事件で娘を亡くした死刑反対論者のバド・ウェルチ。ほかにも関係者に話を聞きました。
　私はアメリカの死刑に関する本を出版することになっています。
　私たちは社会として、死刑を廃止すべきなのかどうかということについて、私は本を書き終えるまでに私なりの結論が見いだせると思っていました。
　でも、まだ、頭の中には解決できない疑問がいくつかあります。
　あなたがそうした疑問の解決に、手を差しのべてくださったら幸いです。

　アメリカの代表的女優、スーザン・サランドンが演じるカトリックの

シスターと、ショーン・ペンが扮する死刑囚との心の通い合いを描いた映画「デッドマン・ウォーキング」。サランドンが1995年のアカデミー主演女優賞を受けたこの映画は、同名のノンフィクションが基となっている。シスター・ヘレン・プレジャンが自身の経験を綴ったその原作は、ベストセラーとなり、ピュリツァー賞の候補ともなった。

シスター・ヘレンは2005年5月、死刑廃止の運動に携わる人たちの招きで3度目の来日を果たし、各地を講演して回った。「デッドマン・ウォーキング」で取り上げた死刑囚を含め、それまでに6人の死刑執行に立ち会っていた。

死刑に反対し、執行のモラトリアム（一定期間の停止）などを求めてアメリカ国内外で活動している人だが、被害者の遺族、死刑囚とその家族に寄り添いながらも自分の立場は見失わず、かと言って、決して押し付けがましくはない彼女の姿勢に、原作を読んだ私はひかれた。

私は日本に戻って10か月後の5月26日、シスターが神戸で行った講演の前に、主催者側の協力で彼女にインタビューする機会を得た。自己紹介を兼ね、冒頭に記した内容のメールを事前に送った。

最初に私は、大阪教育大附属池田小での殺傷事件と、奈良で起きた女児誘拐殺人事件の加害者について簡単に説明し、こう尋ねた。

「池田小事件の加害者は、死刑判決を進んで受けると公判で言い、去年、刑が執行されました。もう1人の加害者も、死刑を望むと発言しています。2人は悔悟の念を示したことはありませんし、少なくともこの時点では表に出ていません。それでもなお、私たちはそんな犯罪者を死刑にすべきではないのですか。どうしてでしょうか」

本当にいい質問ね。

子どもたちを殺した人間が、「死刑にしてくれ」と言う。確かにそん

シスター・ヘレン・プレジャン

な時、死刑は正当化されるように思えるわよね。

極悪非道な罪を犯した人たちがいて、イメージキャラクターのような存在になっている場合に、「だからこそ、死刑が必要なんだ」と。アメリカで言えば、ティモシー・マクヴェイ。「こんな殺人犯のために、死刑は必要なんだ」ってね。

死刑を魚の網になぞらえて考えてみましょう。泳いでいる人たちがいて、鮫がその人たちに襲いかかる。その町に住む人びとは「我々自身を鮫から守らなきゃ」と言って、網を設計する。でも、網を引き上げてみると、鮫だけじゃなくて、ありとあらゆる魚がかかっているわけ。

社会というのは、幼い子どもたちを殺した人とか、ティモシー・マクヴェイ的な人たちだけを網に入れて引き上げる、そんな制度を設計するすべがないのね。だから必然的に、投じる網を選り好みするの。

どういう時に死刑を求めるかは、検察官が決める。そこにはいろんな要素が入り込む。検察官はプレッシャーを受けるのね。警察官が殺害されたとか、世間の注目を集めている事件だとか。で、誰かを標的にしなきゃいけなくなるのよ。

検察が死刑という制度を機能させようとする時、彼らの言うことは、言葉の飾り立てではあるけど、純粋なの。「多数の子どもたちを殺した者、一家を殺害した者、地下鉄で神経ガスを撒いた者など、残忍極まり

ない（the worst of the worst）犯罪者には死刑を求める」ってね。
　でも、その網を投じる時には、私たちの社会に内在する弱さというものが必然的に作用する。検察官は、たとえ真犯人かどうかの確証がなくても、プレッシャーにさらされ、やむにやまれずその網を投げるの。
　アメリカではこれまでに、119人の死刑囚が冤罪で獄舎から出てきた。私たちが死刑を実行すれば、社会は「無実」というものを失うのよ。
　警察官が自白を強要するために叩くというのは、日本のあちこちで行われているわよね。嘘の自白を得るために拷問する。鮫だけを捕らえる方法はない。その網にはね、必然的に、有罪の人と一緒に、無実の人も取り込まれてしまうの。
　だから、死刑を実行するなら、その刑自体を巡ってどんなことが起きるのか、その過程を理解しなきゃいけない。
　アメリカではとても明確になってきている。30年も続けているからね。被害に遭っているのは誰か、何が格差を生んでいるのか、被害者の状況がどんなものなのか、私たちにはわかるの。
　アメリカでは、死刑囚の10人中8人が、白人を殺したという理由で収容されている。でも実は、どの社会でも、人が殺された時に感じる憤りというものは、誰が殺されたかによって違う。たとえば、誰かが地下鉄に乗って、ホームレスを3人殺したとしましょう。ほかのケースと同様、ホームレスを殺したその人に憤りを感じて、死刑を求めたりするかしら。
　私たちには、清廉潔白に基準を当てはめる方法がないのよね。どうしても被害者に対する偏見が入り込むから。裁判官を殺せば死刑になる。警察官を殺したら死刑になる。ホームレスを殺したら……構うもんか、って。

　シスターの話は、「残忍極まりない」という性質の意味に及んだ。

私たちが直面していることのひとつは、あなたの国でもそうだけど、連邦最高裁判所がガイドラインを示していて、あなたの国にもまあ、ガイドラインがあるでしょうけど、普通の殺人犯ではなく、残忍極まりない殺人犯だけに適用するんだ、と。どういう意味なのか、誰もわからない。だって、最愛の人を殺されて失うというのは、かけがえのない人を失うことなんだから。父であったり、子どもであったり、誰かの夫であったりね。
　言ってみれば、私たちは死というものに優劣をつけようとしているのね。「殺人犯の中には、残忍極まりないヤツがいる」ってね。でも、子どもを亡くした人は誰だって「残忍極まりない」と言うでしょう。最愛の人を暴力で亡くした経験のある人なら、残忍極まりないって言うわよね。
　私たちには有効な基準というものがない。だから、政治の力が作用するのよ。「あなたは当然死刑で、あなたは死刑にすべきじゃない」って、どうやって決めるの？　陪審制度があるというだけじゃ、問題の解決にはつながらないわ。

　陪審員たちはとても難しい問題に直面することもある。

　これはルイジアナの男性の話なんだけど、彼はレストランに押し入って、6人を殺したの。いや、違う、6人をあちこちで殺し回ったの。ほかにも殺そうとしたんだけど、銃が壊れたか何かで。
　それで、彼は死刑判決を受けた。で、それから、素晴らしい弁護士を得たの。弁護人というのは、私にとってのヒーロー。だって、"人間のくず"って呼ばれる人たちを弁護するんだもの。
　弁護人たちは、もういっぺん審理を開かせて、刑の軽減事由を示した

の。彼の人生に関してね。母親は13歳の時に彼を妊娠した。彼女は寄生虫がいるんだと思って、おなかをたたいた。それが、彼の人生で「たたかれる」ことの始まりだった。

で、その後、母親と付きあう男たちがたたくようになって。彼はそれから精神的におかしくなり始めた。おなかの中にいた時から、たたかれてたんだけどね。

陪審員たちは、彼の身に起きたこと、つまり、人生にまつわる刑の軽減事由を最後に聞いて、「彼が被害者を全員射殺したのは間違いないけど、死刑にすることはできない」って言ったの。

裁判の間もね、彼は感情が抑えられなかった。命は助かった被害者の1人が証言している時に、「ああ、お前も殺してやればよかった」って言ったんだから。

それでも陪審は、そんな彼の人生に酌量の余地を見つけて、「ここにいるのは、心的外傷を受けて、ある日ブチ切れて暴力に走った人なんだ」っていうことに気づくわけ。

死刑を科すべきかどうかの判断は、人知を超えていると、シスターは考える。

気の毒に、陪審は何をすればいいって言うの。裁判官だって、ただの人間でしょ？ 筆舌に尽くし難い犯罪がここにある。何とも言いようのない情状酌量の事由が示されている。判断できる知恵を誰が持ってるっていうの？ すごく混乱するし、あるいはとても悲しくなる。裁く立場の人たちは言うでしょう、「さあ、決断してくださいだって？」って。

被害者の母親に泣かれたり、死刑になろうかっていう息子の母親が「お願い、うちの子を殺さないで」って泣いたりする。どうするの？

私たちが対処するなんて、不可能よ。そんな知恵は持ってない。だっ

て、ただの人間なんだから。
　アメリカでいまやとてもはっきりしていることは、選ばれるのは貧しい人たちだけで、特に彼らには、能力の劣った弁護人がつくってこと。実態が示すように、死刑全体の80％は、奴隷制度のあった南部の10州で執行されている。どういうことかっていうと、誰もみな、同じ憲法、同じガイドラインの下にあるのに、実際は80％が南部の州で行われてるってことなの。

　ほかに、格差を生む要因とは。

　最高裁は「法の下の平等な正義」と言う。実際はどうかというと、アブグレイブ（の刑務所でアメリカ兵がイラク人捕虜を虐待したとされる事件）でわかったことだけど、風土というものが支配するの。一国のある地区、個々の検事も含めてだけど、あるところでは死刑を選ぶ検事がいて、別のところではそうじゃない。だから、平等に、公正に死刑を適用する方法はない。お金のない人たちは、不十分な弁護しか得られない。裁判で（検察、弁護側双方が）拮抗するシステムがない限り、真実にはたどり着けない。無実の人が有罪となるのも必然なのよ。

　残虐性と政治性。この２つを理由に、シスターは死刑廃止論を展開した。

　世界で120の国が、法律上あるいは実態上、死刑を廃止した。残っているのは75か国だけ。1990年以降、40の国が廃止した。なぜなら、はっきりとした時代の動向があって、人権の方向に向かっているから。
　世界人権宣言の３条と５条では、すべての人が生命に対する権利を持ち、何ぴとも残虐、あるいは屈辱的な刑罰、拷問を受けるべきではない

とされている。

　いまのところ、私たちの国の裁判所も、あなたの国の裁判所も、死刑が拷問に等しい、残虐で屈辱的な刑だと認識できていない。だから、私の仕事は、人びとがそのことを理解し、現代社会においては、危険な人物を殺さずに無力化する方法があるっていうことを理解できるよう、手助けすることなの。

　「だって、人を殺したヤツらを殺すっていうのは、正義の要求だろう」という人がいる。その論理的に言わんとするところに従えば、じゃあ、そういうヤツらが子どもに性的暴行をしたら、毎週金曜の夜、「当局によるレイプ隊」が現れるの？　刑務所の中でレイプした人たちはどうなるの？　同じ理屈でしょ。そんな原理では、実践する人たちが堕落してしまう。

　ルイジアナでは、死刑を求めた検察官が、裁判官の選挙に立候補するとき、「私は死刑を３つ取りました」って言うのよ。立身出世の方策なの。ある人にとっては、政界進出の契機にもなる。警察、検事、裁判官。私たちは規範を失っている。処置なしよ。ウランか何かを扱うようなもの。責任を持って対処するすべがないわ。

　死刑を適用しない裁判所がだんだん増えている。アメリカで非常にはっきりしているのは、死刑が政治的象徴として使われているということ。だって、死刑が選択されるのは、殺人を犯す全人数の２％以下にすぎないんだから。で、いまや、そのパターンもはっきりしているの。大雑把に言って、死刑執行数が上位の州は、執行しない州に比べて、殺人発生率が２倍だということを、私たちは事実として知っている。記録にくっきりと表れている。だから、死刑は犯罪抑止と関係ない。刑事司法ともほとんど関係ない。政治的なものなの。

　前年2004年の３月、「死刑情報センター（DPIC）」のリチャード・ディー

ター代表と会った際、彼が語った言葉を思い出す。

「死刑が適用されるのはどんな人たちなのか。人種的偏見、優秀な弁護人をつけることができない貧しさ、冤罪……。こうした問題については、死刑反対派も賛成派も共通の認識を持っている。だから、垣根を越えた対話がなされるべきだ」。DPICではその２～３年前から、高校や大学に出向き、学生や教師が死刑の制度と現状を学ぶカリキュラムを提供しているという。「この問題について、話し合いましょう」と呼びかけながら。

DPICが分析し、蓄積している種々の情報、データは、死刑制度に対するセンターの立場を切り離し、客観性が保たれている。信頼性の高さは、国内外のメディアに頻繁に引用されるというだけでなく、一部の州矯正局がホームページで「リンク先」として紹介していることからも裏付けられる。

だが、結局、死刑が抱える問題を改め、さらに死刑を廃止しようというなら、少数の「反対派」が多数の「賛成派」を説得する必要があるのではないか。

えーとね、こういうふうに説明させて。
イギリスには死刑がない。ヨーロッパ（EU加盟国）には死刑がない。
むごい殺人事件が新聞で報道されると、いつも、人びとは「死刑が要る」と言う。世界中で起こる、最も自然な反応よね。人びとが怒りに燃えるというのは。
さて、私が死刑にかかわって講演したり、支援したりする中で発見したこと。それはね、罪のない人が殺されるときに激しい憤りを感じる、そういう人たちに寄り添うのがとても大切だってことなの。
憤りを表に出すのは必要だし、憤りを感じている人たちに寄り添うことも必要。

でも、この問いに答えないといけない。「むごい犯罪というのは個々に起きるけど、社会としての私たちの責任って、何なの」

こういうひどい事件が起きると、いつだって、世論は「死刑が必要だ」って言う。まるで、その手の殺人犯だけを選んで、死刑が使えるみたいにね。

じゃあ、死刑を与える時に、それを決める基準は何なのかを論じないといけない。最高裁は「残虐極まりない」ことだと言った。

私はこれまで、裁判をたくさん傍聴してきたけど、「警察官を殺害したから死刑」だと州側は言うし、「夫は消防士で、勤務中に殺されたの。何で犯人が死刑じゃないの」といった証言を聞く。あるいは、子どもたちが亡くなった時なんかもそう。両親が証言台に立って、「息子は殺された時、18歳で、12歳未満の子どもじゃなかった。だからといって、何で犯人を死刑にしないの」と言う。

他人を殺した人間を殺すことができる基準というものを、どうやって設けるのか。その問題に、目を向け始めることね。

誰を死刑にすべきで、誰を死刑にすべきでないのか。公正な線引きなど不可能だ、というのが、シスターの考えなのだ。

では、他人を殺し、自ら死刑を望む人はどう扱えばいいのか。もう一度、最初の質問に戻る。

コネティカット州で死刑があったばかりなの。彼は連続殺人犯で、8人の女性を殺して、死刑になるのを望んだ。で、結局、州は彼の願いを叶えた。

アメリカでは、「俺を殺してくれ」っていう、「合意の上での処刑」が増えている。

本質的な倫理上の問題は、「自分のしたことに対する報いとして、私

は死にたい」と言っている人がいる時に、州は自殺幇助で手助けするのか、ってこと。

「殺してくれ」っていう人たちがいる。テッド・バンディ（Ted Bundy）みたいな、彼は残忍な連続殺人犯だけど、そういう人たちについての研究がいくつかあってね。自殺しようと試みて、できなかった人たちというのは、州に「やってくれ」って頼める状況に、自分を置くんだと。

それって、「合意の上での処刑」の本質的な問題よね。社会として、私たちは人が自殺するのを手助けしたいのか。で、その人の犯した残忍な罪と結びつけたら、手助けしようという気持ちにきっとなるのよ。だって、「俺は死に値する。殺してくれ」って言うんだから。

でも、もう一度言うわ。倫理観という問題が、社会としての私たちにのしかかっているの。

シスターの基本姿勢は、人を「説得」することではないという。

私が主にしていることは、ストーリーを語るということなの。被害者の家族の物語を話す。学んだのはね、人びとを旅に連れ出さなきゃいけないということ。過去のことは、いつか許される。レッテルを張るんじゃなく、ただ、人びとを物語にいざなうの。心の中の相反する感情に触れられるようにね。

私たちは旅を手助けするガイドのようなもの。あなたの本も、読む人が新たな段階に進むのに役立つはずよ。で、その本には、こんな物語もあんな物語もあるでしょう。あなたは２つの場所に読者を連れてって、情報を与える。説き伏せる役になる必要はないの。物語がその役を負ってくれるのよ。

「デッドマン・ウォーキング」の編集者は素晴らしい人で、大事なこ

とを話してくれたの。まず最初に、一般の人は死刑についてじっくり考えたりしないと。なぜかっていうと、ほとんどの人には影響しない問題だから。2つ目には、たいていの人はかなり相反する感情を抱いていると。犯罪には激しい怒りを感じ、「ヤツら、死刑にすべきだ」と言う。でも、その一方で、政府なんていうのは信用できず、道の穴ぼこの修理くらいしか任せられないことも知っていると。

　私はね、時間をかけて、犯罪の残虐性、被害者の家族、そして彼らが犯罪にどう向き合ってきたかを理解する。最愛の家族を失い、当局の人間がやってきて、「ヤツを死刑にしたい」と言い、「結構なことですね。私も立ち会いたい」と答える。そういう人のこと、理解できないはずはないでしょ。処刑されるのを見たいというのは、自然な衝動だもの。

　人は、遺族が失ったもの、遺族の悲しみに焦点を合わせる。だけど、バド・ウェルチのような人もいる。彼はこう言ったの。「ティモシー・マクヴェイが処刑される日まで、大半の被害者遺族が考えていたのは、ひどく苦しみながらマクヴェイが死ぬのを見るのだろうか、彼が『申し訳ありません。許してください。あなたたちの最愛の人を殺しました』と言いながら死んでいくのを見るのだろうか、ということだった。あるいはもし、マクヴェイが終身刑となって、彼に関してはもう一切、何も耳にすることがなくなるとしたら、それまで現に抱いてきた思いは、『空っぽのいす（empty chair）』のようになってしまう。だけど、たとえ彼が処刑されるのを見たところで、家に帰れば、そのいすは空っぽのままだろう」ってね。

　それが、遺族が向き合わなければならないこと、私たちみんなが向き合わなきゃいけないことなの。ある人を奪われたら、二度と取り戻すことができないという事実。

　　私は、日本の秘密主義について尋ねた。死刑囚は執行日を直前まで知

らされず、当局者以外は立ち会うこともできない。このインタビューを行った時点では、処刑が終わったあとでさえ、政府は死刑囚の氏名を公表していなかった。もし、こうしたやり方が改められたなら、世論に影響するのだろうか。

　秘密裏に行われているのは、死刑執行だけじゃないでしょ？　そこに行くまでのすべてがこっそり行われている。警察は長時間尋問して、自白を引き出す。捜査の過程は、公判が始まるまで世間から注目されない。
　陪審制を採用する利点のひとつは、（日本のように捜査段階の供述を重視するのでなく）捜査当局と被告人のやりとりを公の目にさらさなきゃいけないこと。裁判所というのは公開の場だから。そんなわけで、市民はその過程をちゃんと見るようになる。
　人っていうのは、対象に近づけば近づくほど考えが刺激されるもんだって、私は信じて疑わないの。よく、シナリオを思い描くんだけどね。テレビを通じてでもいいから、死刑執行が公開されるというシナリオ。家族が夕食のテーブルに着いている。晩のニュースがテレビで流れる。これから処刑される人が映っている。死刑囚は最期の言葉を語ることができる。たぶん、一般の人も死刑囚の家族に話を聞く。被害者の母親がいて、「あいつが死ぬのを見たいわ」って言う。でも、そのあと、いままさに処刑されようとしている彼の母親もこう言うの。「私はどうして、息子を見殺しにしたんでしょ」
　私はね、人間の持つ善と徳を固く信じているの。アメリカ国民がヨーロッパ人に比べて復讐心が強いなんてことはない。ただ、じっくりと考えたことがないだけなの。
　日本で思うのは……、これは最近あったこと。私にインタビューした人がね、ショーン・ペンのことを訊いてきたの。通訳の人に「これって、

ジョークよね。からかってるんでしょ」って言ったの。そうしたら、「わからないの？　日本人は真剣な質問をする時、余計笑うんだよ」って。

人には本当の気持ちってものがある。でも、日本人は諸々の本当の気持ちを覆い隠すのね。

本当に多くのことが隠されてるんでしょうね。死刑に関してもそうなんでしょ。

日本で「死刑について一度も議論したことがない」という人がいるって話を聞くと、とても興味がある。どうしてなのか、私、わかるわ。

最後はやはり、「アメリカでは近い将来、死刑が廃止されると思いますか」と問いかけた。シスター・ヘレンが「デッドマン・ウォーキング」を世に出してから、ここまで約10年間の潮流も含めて。

ええ、廃止されると思ってるわ。強い抵抗に遭うでしょうけどね。

連邦最高裁を見ればわかるわ。大きな変化があるの。国際的基準に目を向け始めて、この国独自のやり方にこだわらなくなりつつある。知的障害のある人や（犯行時18歳未満の）少年を死刑の対象にしないようになったし。ただ単に、貿易や経済で世界が緊密になったからなんだけど。

世界の動向でいうと、国際刑事裁判所（International Criminal Court）でさえ、人道に対する罪に死刑を適用しない。倫理的な基準が違うから。被告人がどんなことをしたかとか、どれほどの責めを負うべきかじゃなくて、私たちがどう考え、何を望むかなの。つまり、罪を犯した人がどんな行為をしたかということに、私たちはかかわらない。これが新しい基準。実に劇的な変化に気づくでしょう。

で、私たちの国でいま起きている変化というのは、無実の罪で死刑囚にされた人たちの恐ろしい物語が、テレビのドキュメンタリー番組で語

られるようになっていること。それで、大学生とか子どもたちが弁護士になりたがってるの。
　私たちは、死刑という制度がいかに脆弱で、破綻しているかがわかっている。
　アメリカ国民の90％以上は、無実の人が過去に処刑されたと考えているのよ。

あとがき

　「詰まるところ、死刑とは感情的な問題で、人がどんな立場を取ったとしても、それは本質的に感情的な立場であり、科学的なものではない」。ウィーバー州立大（ユタ州）教授のケイ・ギレスピーは著書『Inside the Death Chamber: Exploring Executions（処刑室の中で──死刑を探る）』で、核心を突いた指摘をしている[1]。

　日本にいる間、私は死刑制度にはどちらかといえば反対の立場だった。「処刑してしまうよりも、一生刑務所に閉じ込めて反省させた方が、罪を償わせるにふさわしいのでは」という程度の理由で、正直、突き詰めて考えたことはなかった。

　しかし、オクラホマに留学直後、「ナショナル・メモリアル＆ミュージアム」を訪れてから、私の中に別の疑問が湧いてきた。「何の罪もない168人もの命を計画的に奪った男の処罰として、死刑以外の方法があるのだろうか」。応報の考えによるもので、それもまた「感情的」の域を出ない。

　2003年の春学期、大学院の授業で「死刑」がテーマに選ばれた。上述したギレスピー教授の著書がテキストの１冊に指定され、2002年の冬休みに一時帰国した際、行き帰りの機中でほとんど一気に読んだ。学術書というよりはルポルタージュの色彩が濃いこの本から、アメリカにおける死刑の歴史、実情、この制度を巡る多様な論点など、たくさんのことを吸収した。

　私なりの「答え」を見つけるには、アメリカにいる間に、遺族をはじめ、様々な関係者と会って、一人ひとりの経験と意見を聴くしかない。そう思い立ったのが、取材を始めたきっかけだった。

私が専攻したアメリカの刑事政策、とりわけ死刑の問題は、聖書の解釈と切り離すことができない。だから私は、毎週日曜、地域の教会に足を運び、礼拝を通じてわずかでもキリストの教えというものを学び、折に触れてそこに集う人たちとこの問題について語り合おうとした。
　刑事政策に関係する学会にもできる限り参加し、学者の研究発表や実務家の報告に刺激を受け、啓蒙された。
　帰国する際、船便で送った段ボールの中身は、大半が２年間に収集、蓄積した死刑に関する文献と資料のコピーだった。

　だが、帰国・復職後、これらの資料も取材のメモも、ほとんど納戸で眠り続けていた。
　最初の数か月、あるいは夏冬の休み期間を除いては、日々の仕事に疲れ果て、段ボールを開けようという気力さえなかった。その日の出来事はその日のうちに書くのが基本である新聞記者として、そんな状態が１年、２年、３年と続くのは実に情けなかった。

　この間、アメリカの死刑に顕著な変化がいくつか起こった。
　2005年、連邦最高裁は、犯行当時18歳未満の少年に対する死刑が憲法の禁じる残酷で異常な刑罰に当たるとの判断を示した[2]。執行数が飛び抜けて多い「死刑の都」テキサス州では、同じ年、死刑に問える事件において、仮釈放なしの終身刑も選択できるよう、他州にならった。
　ニューヨーク州では2004年、州最高裁が死刑に関する法律を違憲としたのを機に、議会が死刑執行再開の法案を否決した[3]。さらに2007年12月には、ニュージャージー州が死刑制度を廃止し、この結果、存置するのは50州中37州となった。ちなみに、死刑情報センターなどはニューヨークを除いて36州としている。
　さらに、2007年９月からは、全米で事実上のモラトリアム（執行停止）

が始まった。というのも、3種類の薬物注入による致死注射が「残酷で異常な刑罰」に当たるとして、ケンタッキー州の死刑囚2人が連邦最高裁に裁量上訴を申し立て、審理の開始が認められたからだ**4**。

　死刑制度を残している37州中、電気椅子の使用を規定しているネブラスカ州を除き、36州は致死注射を手段とし、このうちオクラホマ州など計30州と連邦政府がケンタッキー方式で3種類の薬物を組み合わせている。死刑囚らは「最初の麻酔薬が正しく注入されなければ、あとの2種類の注入中に苦痛を感じる」と主張した。

　2008年4月16日、連邦最高裁はこの訴えを7対2で退けた。首席裁判官は「最も人道的な処刑の方法でも、苦痛を伴ういくらかのおそれは避けられない」などと理由を述べた。そして、翌5月6日、ジョージア州が口火を切って、死刑の執行が再開された**5**。

　ニューヨーク、ニュージャージー両州は元々、1977年にアメリカで死刑が再開された以降も執行したことはなかったが、そのほかに挙げた要因などにより、アメリカにおける2007年の総執行数は42人と、1995年以降で最低となった。執行は1999年の98人をピークに、確実に減少傾向にある**6**。

　それでも、無実と判断され、釈放された死刑囚は依然として絶えず、ジョゼフ・アムライン（本書第1章）のあと、さらに16人増えた（2008年5月2日現在）**7**。

　さて、日本国内ではどんな現象が起きているのか。

　2007年12月から、法務省は執行した死刑囚の氏名と犯罪事実、刑場をようやく公表するようになった。一方、2007年に執行されたのは9人と、1977年以降で最も多かった**8**。

　2008年4月22日、いわゆる光母子殺害事件の差し戻し控訴審判決で、犯行当時18歳1か月の少年だった被告人に対し、広島高裁が死刑を言

い渡した。最高裁が差し戻す前の１、２審判決がそうであったように、従来なら無期懲役が相当と考えられた事件だけに、2009年５月と決まった裁判員制度導入に合わせて、死刑適用の明確な「基準」が必要ではないか。そんな論評もなされている。

　見逃せない特徴としては、凶悪事件を起こした加害者が、死刑を覚悟して、というよりも、むしろ「死刑になりたい」と望んで犯行に及んだとも考えられるケースが、2007年以降、散見されている。報じられているだけでも、京都・神奈川での親族連続殺害、茨城・荒川沖駅での連続殺傷、陸上自衛隊１等陸士の少年によるタクシー運転手殺害などがこれに当たる。

　死刑の是非について、私の「答え」はいまだに見つかっていない。
　死刑は確かに野蛮であり、「殺した者は殺すべき」という考えは、とても理性的とは言えない。人は変わる。犯罪者だって改心する。
　死刑に犯罪を抑止する働きがあるとしても、その効果は実証されにくいし、おそらく限定的なものだろう。
　冤罪を受容できるかどうかは、それが起きる確率の問題ではなく、誤って処刑することなど、許されるはずがない。国民は確かに、刑罰を科する権限を国家に委ねてはいるが、薬害問題などをみてもわかるように、この国の政府はこれまで、人の命にかかわる大きな過ちを幾度も犯してきた。死刑の権限を託すほどに信頼できるのか。ためらわずにはいられない。
　バド・ウェルチ（本書第２章）のように、死刑によっても「区切り」がつかない被害者の遺族がいる。しかし、多くの遺族にとって死刑はせめてもの、当然の応報であり、死刑によっても区切りがつかないほど、痛みは深く大きい、ということなのではないだろうか。
　家族が殺害されるのは、どの遺族にとっても「残忍極まりない」こと

であり、そのうち、特に残忍なケースを選別するなんて、人間には不可能だと、シスター・ヘレンは言う（本書第7章）。

そもそも、刑罰とは、被害者や遺族の思いを満たすためだけにあるのではない。

それでもなお、「社会」が死刑を求める——遺族のためというわけでもなく——格別に極悪な殺人事件が、この社会には存在するようにも思える。それは直観的な欲求に過ぎないかもしれないが、私たちが「神」のような視座に立つのは容易なことではない。

私は中立を装っているのではなく、心の中でひたすら迷い、揺れ動いているのだ。

ただ、国内外の動向を見聞きするにつけ、日本の制度が「このままでいいはずはない」と強く感じる。

「死刑志願」に関しては、池田小事件、奈良の女児誘拐殺人事件にも共通しており、彼ら加害者に通底するのは、犯行への衝動とも異なる、「自暴自棄」や「厭世」といった心理状態である。死刑が犯罪の抑止力となるどころか、むしろ、死刑に救いを求め、死刑があるから事件を起こした。そんな気さえする。

死刑適用の基準について言えば、確かに、"素人"裁判員のよりどころとなる指標はあっていい。だが、「ベルトコンベア」のように、たとえば2人以上を殺害したら死刑、1人なら無期懲役などと機械的に選別するのは、却って危険だ。「光母子」では、死刑判決の理由に、被告人の「無反省」が挙げられているが、「反省」の有無は、連邦ビル爆破事件のテリー・ニコルズを裁いた陪審員たちのように、個々の裁判員が生身の感覚によって判断するよりほかにない。

国連総会は2007年12月、死刑執行のモラトリアムなどを求める決議

を採択した。日本政府は2008年5月、国連人権理事会から初の定期審査を受けたが、死刑に関しては世論の多数が容認しているとし、現状を改める考えのないことを明らかにした**9**。

　この「世論」とは、内閣府が2004年12月に行った調査の結果を指すのだろう。「どんな場合でも死刑は廃止すべきである」が6.0%。「場合によっては死刑もやむを得ない」が81.4%。

　初めてこの調査結果を目にしたとき、私は「本当に、国が実施した調査なのか」と、信じられなかった。なぜなら、死刑制度への賛否を尋ねた質問で、答えの選択肢が、「わからない・一概に言えない」（12.5％）を含めて3つしかなかったからである。

　どうして、「場合によっては死刑廃止もやむを得ない」「どんな場合でも死刑は存置すべきである」という選択肢を用意しないのか。社会調査の理論を少しでもかじった者なら、当然、そう思うはずだ。「死刑もやむを得ない」の方だけに「場合によっては」と条件を付けるのは、明らかに公正さを欠き、回答を誘導する意図が強く感じられる。

　そもそも、国が制度の是非を国民に問うのなら、うわべだけの「情報」にとどまらない、死刑の実態や知見を積極的に提供しなければなるまい。この中には当然、犯罪抑止との因果関係、とは言わないまでも、その蓋然性に関するデータ、執行の方法や手順などが含まれるべきである。

　国民が今後、裁判員に選ばれた際、果たしてその実情を知らずして、「死刑」の評決を下すことができるのか。私には、適用の基準を策定するよりもはるかに重要なことに思える。たとえばアメリカのノースカロライナ州では、郡の検事正と保安官が推薦した市民も、公式立会人として執行に参加できるようになっている**10**。

　もうひとつ、超党派の国会議員が「仮釈放なしの終身刑」導入に向け

て本格的に動き出したことに、私はかなり注目している。

　ストッキ・アルベルトさんと京都で会ったのは、2006年の末、彼の誕生日だった。

　イタリア、スイス両国の国籍を持つアルベルトさんはその２年前、宮崎市の自宅に放火され、妻と娘を失った。自身が助かったことで、事件直後は周囲から疑いの目を向けられたという。建築資材を扱う会社を経営していたが、顧客の１人は「殺人が起きたところの物は買えない」と言い出した。妻は仕事の上でも重要なパートナーだった。コンピューターの貴重なデータや大量の資材が燃えたせいもあり、会社の経営が立ち行かなくなった。夜中に何度も目が覚め、吐き気を催した。

　放火した被告人に対する求刑が死刑ではなく、無期懲役だということは、当日、公判を傍聴して初めて知った。確かに自分はそれ以前、証言台に立ったとき、「二度と刑務所から出さないで」という言い方をした。終身刑のない日本では、それが「死刑」という意味に解されると信じていたからだ。「死刑に」とはっきり口に出せなかったのは、「カトリックのせいかも」と振り返って思う。

　男は求刑通り、無期懲役の判決を受けた。とても納得できない。15年程度で仮釈放される可能性もあり、死刑との落差はあまりに大きすぎる。「冗談じゃない。このままじゃ、終われない」。仮釈放なしの終身刑しかない。実現を望み、国民の署名を集めようと、愛用のバイクを駆って全国を回り始めた。署名簿は既に、鳩山法相に提出してある。

　私と会う前夜、アルベルトさんはホテルのバーで、マネジャーに誕生日を祝ってもらった。日付が変わるまで４時間もそこにいて、口にしたのはビールをグラスに半分だけ。あの事件に遭ってから、アルコールが喉をほとんど通らなくなった。

　私たちは落ち合って、ホテルのレストランに入った。席に着くなり、アルベルトさんは流暢な日本語で「言っとくけど、僕は死刑反対じゃな

あとがき　211

いぞ」と、にらみをきかせるように話した。それからすぐに、「賛成でもないけどね」と付け加えた。

　しばらく雑談し、「死刑はね……」とアルベルトさんが切り出したとき、料理が運ばれてきた。「あっ、こんな話して、驚いたでしょ」と、彼は従業員の女性に愛嬌を振りまいた。

　彼の心の内には、シスター・ヘレン・プレジャンの言う「相反する感情」が渦を巻いているようだった。

　「もしも『仮釈放なし』の刑ができたら、どっちの刑にしてほしいですか」。私が尋ねると、持ってきた事件のファイルを指差して、「彼に選ばせるね」と答えた。そうかと思えば、知り合いのシェフがそばに立つオーブンの方を向き、「あそこで炙ってやりたいよ」とも言った。

　池田小事件の加害者についても、問わず語りにまくし立てた。

　「彼は死刑になりたがっていた。当然、死刑にすべきだけど、反省させる期間は必要。まず、重労働をさせる。死刑にするときは、絞首台まで連れてって、執行すると見せかけて、なかなかしない。それを繰り返すとか、方法はあるよ。そうしたら、どうなると思いますか」

　「精神的におかしくなるでしょうね」

　「そうでしょう。でも、そういう苦しみを味わうべきなんだ」

　アルベルトさんは当時、「仮釈放なし」に向けた国会議員の活動を知らなかった。「ただの廃止ではだめ。代わりに終身刑を導入するなら協力できるけど」という反応が返ってきた。

　人を殺したらどうなるか。結果を教えなきゃだめなんだ――。

　鹿児島県議選を巡る「買収」と、富山県内の「強姦」事件に絡んで、2007年、それぞれ無罪判決が言い渡された。冤罪を招いた原因が、過去にさんざん繰り返されてきた「自白の強要」にあることは疑いを入れる余地がないだろう。17年もの間、死刑囚として刑務所で過ごし、絶

望の淵から生還したジョゼフ・アムラインの場合、本人は一貫して犯行を否認したものの、周囲の受刑者が虚偽の供述に追い込まれた。目的のためには手段を選ばないといった捜査当局の姿勢は、人生の貴重な一時期を、人の命そのものを犠牲にする。

テリー・ニコルズ（主に本書第4章）が2度にわたって死刑を逃れたのは、弁護団の能力、法廷戦術によるところが大きい。他方、「光母子」の裁判でも、弁護団の方針が論議の的となった。

日本で死刑確定後に再審が開始され、のちに無罪となったケースとしては、「免田事件」など4件が知られている。これを「たった」とみるのか、それとも……。死刑賛成論者のジョン・マクアダムズ（本書第5章）は、政府のやることに「完璧」はなく、死刑に限って「問題」を強調するのはお門違いだと考えている。

人種による格差は、果たして、対岸の火事だとうっちゃることができるだろうか。アメリカでは、白人と非白人を比較した公正さの研究が盛んだが、そうした視点に基づく「日本人」対「非日本人」の調査に触れることはまずない。実証的な根拠が欠けたまま、「外国人犯罪」が喧伝される状況の中で、彼らに対する偏見が「国民」裁判員の評決に影響することはないと言い切れるだろうか。

以上のようなことを2007年の秋ごろからつらつらと考え出すうち、ようやっと、書き続けるモチベーションがわき起こってきた――というのは、あまりに格好をつけ過ぎか。

ちょうどその時期、勤務している会社内で異動となり、時間の余裕が生まれた。そして何より、現代人文社の北井大輔さんの存在がなければ、「あとがき」にたどり着くことは絶対になかった。留学中から「出版する意義、ありますよ」と常におだててもらい、帰国後は、私が配転されるたびに、わざわざ足を運んでくれた。

あとがき 213

この本は、登場する人びとの「目」を通してアメリカの死刑の側面を写した物語である。彼らが貴重な体験と時間を私と共有してくれたことに、どれほど感謝したらいいのかわからない。

　彼らにしか表せない言葉や独特の言い回しを最大限に尊重しようと、インタビューは了解を得て録音し、文字化（transcription）してから日本語に移すことを原則とした。レコーダーを繰り返し聴き、パソコンのキーをたたくという、地味で根気のいる前半の作業。留学中はKelly Smith、Tracy Stearns、帰国後はFern Miller、Louise Pender、Daniel Walshという素晴らしい友人たちに助けられた。オクラホマ・シティ大学刑事政策専攻の主任教授、Dr. Jody Hornは、教官室に入り浸る私を子どものようにからかいながら、学問の奥深さを、考える楽しみを、「公正（justice）」ということの意味を、知らず知らずのうちに授けてくれた。「英語版も送ってね」という友人、恩師の要請に応えられないのが残念だ。

　２年間、アメリカで遊ばせてくれた勤務先と、少し照れるが妻の百合、息子の堂真にも、この際、きちんとお礼を記さなきゃ。本当に、ありがとう／ございました。

1　Gillespie, L.K., Inside the Death Chamber: Exploring Executions (Allyn and Bacon, 2003), p.13.
2　<http://www.supremecourtus.gov/opinions/04pdf/03-633.pd>.
3　<http://www.deathpenaltyinfo.org/article.php?did=1412&scid=64>.
4　<http://www.supremecourtus.gov/opinions/07pdf/07-5439.pdf>.
5　<http://www.deathpenaltyinfo.org/>.
6　<http://www.deathpenaltyinfo.org/FactSheet.pdf>.
7　<http://www.deathpenaltyinfo.org/article.php?scid=6&did=110>.
8　朝日新聞、2007年12月7日付夕刊。
9　日本経済新聞、2008年5月11日付朝刊。
10　<http://www.doc.state.nc.us/dop/deathpenalty/witness.htm>.

布施勇如（ふせ・ゆうすけ）
1966年生まれ。
記者。龍谷大学矯正・保護研究センター嘱託研究員。
早稲田大学第一文学部文芸専修卒業。
オクラホマ・シティ大学修士課程（刑事政策）修了。
共著に『京都　影の権力者たち』（講談社、講談社＋α文庫）など。

アメリカで、死刑をみた

2008年7月15日　第1版第1刷

［著　者］	布施勇如
［発行人］	成澤壽信
［編集人］	北井大輔
［発行所］	株式会社 現代人文社
	〒160-0004 東京都新宿区四谷2-10 八ツ橋ビル7階
	Tel: 03-5379-0307 Fax: 03-5379-5388
	E-mail: henshu@genjin.jp（編集部）hanbai@genjin.jp（販売部）
	Web: www.genjin.jp
［発売所］	株式会社 大学図書
［印刷所］	株式会社 ミツワ
［装　丁］	Malpu Design（清水良洋）
［表紙・扉写真］	Scott Langley

検印省略　Printed in Japan
ISBN 978-4-87798-381-9 C0036

◎本書の一部あるいは全部を無断で複写・転載・転訳載などをすること、または磁気媒体等に入力することは、法律で認められた場合を除き、著作者および出版者の権利の侵害となりますので、これらの行為をする場合には、あらかじめ小社または著者に承諾を求めてください。
◎乱丁本・落丁本はお取り換えいたします。